于是我问我的心

And I Ask My Heart

我所经历的写—作—课

简洁 著

四川人民出版社

图书在版编目（CIP）数据

于是我问我的心：我所经历的写作课 / 简洁著. --成都：四川人民出版社，2022.11
ISBN 978-7-220-12557-7

Ⅰ.①于… Ⅱ.①简… Ⅲ.①作家—访问记—中国—现代②文学创作方法 Ⅳ.①K825.6②I04

中国版本图书馆CIP数据核字（2022）第025051号

YUSHI WOWEN WODEXIN WOSUO JINGLI DE XIEZUOKE
于是我问我的心：我所经历的写作课

简 洁 著

责任编辑	王 雪
封面设计	见白设计
版式设计	戴雨虹
责任校对	郭明武
责任印制	祝 健
出版发行	四川人民出版社（成都三色路238号）
网 址	http://www.scpph.com
E-mail	scrmcbs@sina.com
新浪微博	@四川人民出版社
微信公众号	四川人民出版社
发行部业务电话	（028）86361653　86361656
防盗版举报电话	（028）86361653
照 排	四川胜翔数码印务设计有限公司
印 刷	成都东江印务有限公司
成品尺寸	140mm×210mm
印 张	12.25
字 数	252千
版 次	2022年11月第1版
印 次	2022年11月第1次印刷
书 号	ISBN 978-7-220-12557-7
定 价	60.00元

■版权所有·侵权必究
本书若出现印装质量问题，请与我社发行部联系调换
电话：（028）86361656

每一次对作家的采访，
对我来说都是一堂写作课。

CONTENTS

目录

阿多尼斯 诗人的境况 / 001

阿 来 写作的自在 / 011

毕飞宇 小说家与小说课 / 027

陈楸帆 是时候重新定义现实 / 041

迟子建 写作的气韵 / 067

邓一光 我只是融于历史的同路人 / 083

甘耀明　我觉得故作欢快会比较危险 / 097

韩松落　被叙述的人 / 109

蒋晓云　把故事讲完 / 119

李银河　人比自己认为的要自由得多 / 131

林少华　在重复中拈出新意 / 149

林婉瑜　大风吹，吹诗人 / 161

鲁敏　决意写作的时刻 / 179

路内　十七岁特有的迷茫和别离 / 197

绿妖　写作是适合内向者的生活方式 / 213

马伯庸　我写作的全部目的，就是为了有趣 / 227

马振骋　关于无意义的意义 / 241

CONTENTS 目录

梅　峰　编剧的自我修养 / 255

岩井俊二　关于人生中没有戏剧性的部分 / 271

姚　谦　听一千遍后 / 289

袁筱一　文字的性感有多种呈现 / 311

曾孝濂　艺术就是深深地凝视 / 327

张曼娟　通往『大人』的路途与写作 / 339

张怡微　写作者要珍惜『总觉得哪里不对』的时刻 / 359

后　记　于是我问我的心 / 373

阿多尼斯 诗人的境况

阿多尼斯 诗人，思想家，文学理论家，艺术家。1930年出生于叙利亚，当代最杰出的阿拉伯诗人，曾获布鲁塞尔文学奖、马其顿金冠诗歌奖等多项国际文学奖。

阿多尼斯

你只能朦胧地理解他。

可他是多么清晰：

意义的太阳，有时，会被墙的阴影遮挡。

——阿多尼斯《盲人在预言中记述的几种境况》节选

国内的读者读到阿多尼斯的作品，大概是2009年译林出版社引进的首个中译本诗选《我的孤独是一座花园》。这位诗人在诗坛上享有盛誉，同时也是近年来提名诺贝尔文学奖的热门作家。

法国诗人博纳富瓦称："阿多尼斯是二十一世纪最需要的诗人之一，这样的诗人将帮助人们懂得：通过诗歌，通过向谎言及陈腐的思想宣战，所有个人、各种语言都能共享精神的果实与生命之树的果实。"

莫言这样评价阿多尼斯："阿多尼斯的诗歌反思人与自然的关系，他把诗歌当作剖析自我的工具。站在人的角度来创作，这也是我们所有从事文学创作的人应该遵循的原则。"

我有幸见到阿多尼斯是2018年9月他来深圳飞地书局举办画展的时候。这是这位近九十岁的阿拉伯诗人来中国举办的第三次画展。

诗人这样定义绘画对他的意义："我在业余时间创作的绘

作品是我的诗歌的延伸，或者说是另一种类型的诗歌，是由许多我在大街上发现的、看似无用的东西组成的。我想从没有价值的事物中创造生命，创造价值。"

阿多尼斯的画作常常以拼贴画的形式出现，墓穴残片、卵石、沙子、碎布等，都是他入画的材料。他的画最特别的是常常出现阿拉伯文字，"文字不仅是诗，也是视觉艺术的一部分"。他认为阿拉伯语除了语言功能外，在文字造型上也非常有美感。

诗人这样总结绘画的特别之处："游戏的态度可能会摧毁诗歌，但会赋予手游戏自由，这种自由创造出来的即使不是美，也是通向美的门户。"

很多时候人们对诗歌的理解只是"写诗歌"，阿多尼斯反对这样的看法。他对诗歌的理解要广义得多："从广义上来说，诗歌就是人们对整个世界的一种看法。写诗并不是把现实再重新创造一遍，而是在你对世界的理解之上创造一种与现实不一样的东西。"

因为有画作为参照，我们可以更直观地理解他的诗及其思想。

采访安排在讲座后的一天，这位白发苍苍的诗人在接受访问时认出了我是前一天坐在第一排的人，和蔼地跟我聊起了他的诗与画，故乡与童年。

☾ 简洁：这是您第三次来中国举办画展，您的诗作最近也在中国出了第三本。您对中国读者有什么印象？

☾ 阿多尼斯：我很荣幸能在中国受到这样的欢迎，这让我感觉到两方面的责任。第一是我对诗歌的责任，我需要写更好的诗歌；第二是我对读者的责任，因为我是通过诗歌来与读者交流的。

☾ 简洁：您有诗人、思想家、评论家、画家等多重身份，这些身份对您来说意味着什么？

☾ 阿多尼斯：每个人其实都有多种身份，只是有些人并不能意识到。诗人因为敏感，所以能够意识到。艺术家也好，作曲家也好，多重身份才能碰撞出艺术的创造力。多重身份的获得，不是一个从过去到现在可以清晰辨别的连贯性、线条式的过程，而是一个融会贯通的过程。艺术家在创作中也在创造他的身份，有时他未来的身份正是在他现在的创作里创造的。像我今天是诗人，明天是艺术家，后天是思想家，这都是融合在一起的。艺术家在创作中看见未来，也在创作自己的未来。这个观点对我非常重要，是我的一个中心观点，艺术家不能只往后看，要往前看。

于是
　　我问我的心

☙ 简洁：您如何理解包括诗歌创作在内的艺术创作及其作用？

☙ 阿多尼斯：我今天谈的不过是我自己的见解，我希望我的见解也随着我生命的成熟而不断成熟和完善。在我看来，创作旨在把人从他自己所制造的各种牢狱中解放出来，因此创作必须是自由的。我所做的就是改变传统语言和传统诗学对表达的理解，对形式的理解，更是改变对世界的看法。

☙ 简洁：您说过，真正的写作必须是改变世界的写作。您的诗歌和绘画艺术都跨越了文化、地域和年龄的边界，您能感受到自己是如何改变世界的吗？

☙ 阿多尼斯：我觉得作为一个诗人，要谈论自己的诗歌是非常困难的。一个画家要讨论自己的画作也是非常困难的，因为实际上是在通过创作给自己提问题，并且寻找答案。但我创作的作品是否真正能给出一个答案，我一点儿也不自信。就像一个孩子一样，他对自己所做的事情毫不自信，他喜欢的只是触摸一切，对一切都喜新厌旧，刚刚启发他的一样东西，他很快就把它抛弃了。毫无疑问的是，我现在处于老年，我希望通过我所做的一切，让我重新找到童年，回到童年去。

☙ 简洁：您想回到的童年是什么样的？

☙ 阿多尼斯：我自己特别珍视童年，在老年的时候想要找到童年的感觉，是因为实际上我并没有经历过真正的童年。在我的印象里，只有五六岁的时候，我就到地里做农活了，因为我家里非常贫穷，所以我必须承担农作的任务。可以说我生来就是农民，我没有过真正的童年，所以我想在老年补偿我不曾经历过的童年。

简洁：您的画作多以拼贴画的形式呈现，这种绘画形式对您而言有什么特别的意义吗？

阿多尼斯：通过拼贴的方法，我赋予了我的手和身体自由。之前我的思想、我的大脑是自由的，但是我的手、我的身体是被禁锢的。从事绘画这种艺术创作，让我的手产生了一种和世界玩游戏的关系。无论是石块、木块或是一朵花瓣，这些路边捡到的孤立的东西，似乎是没有意义的，我就试图以这些表面看起来是无意义的物件，创造意义，创造美。实际上，从本质上来说，诗歌和艺术都是试图从没有意义、没有价值的世界里创造出意义和价值。

简洁：绘画和写诗这两者对您而言最大的不同是什么？

阿多尼斯：如果对语言采取一种游戏的态度，可能会摧毁诗歌。但是在艺术中给予游戏的自由，有时会创造一种偶然，这种偶然即使不是美的本身，它也是通向美的门户。

简洁：寻找美是怎样的一种过程？

阿多尼斯：美并不是在一个什么地方，等着我们去寻找。美是在创作中形成的。我从小到大都不知道自己想要做什么，所以这是一个动态的过程。没有什么是完美的，所以我仍在不断地创作。

简洁：您反对那种对诗歌狭隘的理解，最后能和我们分享一下您理解的广义的诗歌是什么吗？

阿多尼斯：从广义上来说，诗歌就是人们对整个世界的一种看法。写诗并不是把现实再重新创造一遍，而是在你对世界的理解之上创造一种与现实不一样的东西。比如说，太空其实也是一种假想，所有不同的艺术方式都是超越现实的一种体现，所以诗歌的概念或者意义是非常广泛的。科学是一种诗歌，爱情也是一种诗歌，因为两个人之间如果产生爱情，那么这两个人已经跳出自身，改变了自己，也改变了对方，形成了一种不同的关系。所以诗歌是对现实的一种超越。

后记：问一位诗人

阿多尼斯这位近九十岁的阿拉伯诗人，应该是我采访过的最接近诺贝尔文学奖的作家。但作为近年来提名诺贝尔文学奖的热门作家，他并不喜欢人们在提问时问到相关问题。我看过他之前来中国的采访，这类问题总是让他感到不那么愉悦。

作为专业媒体，自然不会把"你觉得自己什么时候能拿诺贝尔奖"这样的问题放进采访提纲。然而在采访前一天，画展现场观众提问环节时，有一个观众站起来将这个问题大大咧咧地就这样提出来了。

阿多尼斯脸上的笑容瞬间消失。他说："这个问题你不应该问我，也不应该问任何一位诗人。"

严格意义上来说，这个问题不应该问任何一位作家。

当时我手上正拿着阿多尼斯新出的诗集《时光的皱纹》，他写星星："一颗星星，也是太空原野里的一粒石子。只有和天际融合成一体，才能开辟一条道路。"他写月亮："月亮，一个老翁，他的座椅是夜晚，月光是他的拄杖。"他写河流："这条河，他用河做成一面镜子，以便对镜子询问他的忧伤；他用忧伤做成雨水，以便效仿云彩的模样。"他写生与死："为了生存，生命以死亡为食粮。生命是昨天、今天和明天的死亡。"当我还沉浸在诗人瑰丽奇巧的想象中，叭的一声被那个问题拉进世俗里时，我深刻理解了，不应该将那个问题问任何一位诗人的含义。应该问一位诗人什么问题呢？诗人自问自答：诗歌创作的意义是什么？真正的写作，必须是能带来改变的写作，诗歌应该改变人，改变生命。我坐在台下想，大概还包括改变他不喜欢的世界，哪怕只是一个角落，一个提问。

阿来 写作的自在

阿来 作家。1959年生于四川省马尔康县。长篇小说《尘埃落定》获第五届茅盾文学奖。曾任成都《科幻世界》杂志社社长、总编辑。代表作有《尘埃落定》《格萨尔王》《瞻对》《空山》《阿来的诗》等。

阿来

我愿意写出生命所经历的磨难、罪过、悲苦，

但我更愿意写出经历过这一切后，

人性的温暖。

——阿来"山珍三部"序

能采访到阿来，很大程度上是先与四川文艺出版社的编辑联系上的原因。2017年深圳的文博会，阿来白天的日程满得连一根针都插不进，多亏编辑放在心上，在饭局结束后帮我安排了采访。

采访时已是晚上八点多，当时印象很深的是，编辑在一旁嘱咐我不要耽误阿来太多时间，因为他白天的行程实在太累了，第二天凌晨又要去赶飞机。所以采访时我的提问节奏很快，很担心问题问不完。但阿来却比我沉着，在我急着进入下一个问题时，他让我不要慌，听他慢慢说。他并没有因为时间已晚急着休息，反而是点上一根烟，将我问的问题都追根溯源地讲透。我没想到在这样的情况下，还能完成如此深入的采访，每个问题对于写作来说都是发人深省的点拨。到最后，我几乎是放下了采访的目的，投入地听着这难得的写作课。

当时阿来说了最触动我的一句话：大多数人的追问，关于人性和历史的，都是复杂的、需要耐心的。而无论写作这些命题，还是理解这些命题都需要耐心。只有将自己沉降到愿意碰触这命题的心湖深处，才能更加坚定自己写作的内核，坚定为何而写吧。

阿来的作品，从《尘埃落定》起，就始终是以故乡嘉绒藏族聚居区为底色的。作家都喜欢从故乡寻找写作的源泉，但阿来对故乡的回溯，印迹尤为鲜明而深刻。

故乡的意义在阿来几十年的书写中也愈发清晰，就像他在2017年深圳文博会时的演讲中所概括的：这是对精神原乡的追寻与超越。演讲结束后，他回到住处接受我们的采访，暖黄的灯光下他点燃一支烟，继续讲起作家创作与故乡的关系，他用了一个词来形容——命定。"童年少年时的地理环境会形成你的一个基本的精神塑造，后来只是稍微有点扩张，最终的精神气质，好也好，坏也好，它已经基本成形了。"

对于故乡，从距离上他是在不断远离的。十三岁时离开出生的小村落，到城镇里去寻活干；三十六岁时他彻底离开故乡。但阿来认为，这种离开，是一种更本质意义上的切近与归来。

阿来回忆写《大地的阶梯》之前那次回故乡，因为开会地点离家很近，开完会回程的路上，他突然跳下车，说：不走了，我要回家。背着双肩包，挎着小相机，沿着大渡河走，一天走几十里地，没想着要搭车，以徒步的方式走完了这条他十几年不愿再走的道路，这样一个历程记录下来，就成为这本书的雏形。

但他的故乡回忆并不是煽情。阿来不喜欢这种手法，尤其不喜欢所谓的"泪点"。他更欣赏的是节制：在即将让大家泪奔时节制，把泪意转换为感动和思想，这比哭更有力量。"再大的苦，留在心里，表情维持正常，这是对别人的尊重，也是对自己形象的维护，这关乎人格的力量和尊严。"

重归故乡，并不是简单的回归。那是以一种超越个人恩怨，服从时代的视角，来看待经历过的共同命运。因此是客观的，而非催泪的。因为看过了这个世界，所以更好地建构了自己的人生。

这既是他的创作起点，也是他的文学初心。

"在短暂生命中追求速朽的产品，在我看来，特别没有意思"

- 简洁：这次您带了《大地的阶梯》《阿古顿巴》《狗孩拉格》三本重印的新书来到深圳，能谈谈这三本书对您的意义吗？比如我们知道《大地的阶梯》是您的第一本非虚构作品。

- 阿来：是的，《大地的阶梯》现在已经是第四家出版社了。对我来说，应该是让我重温最初做文学的初心。这本书是1990年写的，另外两本书也是在二十世纪八十年代末九十年代初创作的。那时我们从事文学的目的都很单纯，在语言和形式上，大家都愿意做得更纯粹一点，追求更高的审美，而不像今天有各种迎合市场的考虑，迎合市场的结果就是我们损失很多审美的特性。

☾ 简洁：这种审美特性的损失意味着什么？
☾ 阿来：今天我们文学也好，别的艺术样式也好，大多考虑问题太多，结果最后什么都没抓住，生成一种速朽的产品。本来我们的生命就是一个非常短暂的过程，在短暂生命中追求更短暂的东西，在我看来特别没有意思。所以我还是坚守在比较纯粹的文学立场的道路上。不要忘记自己从事文学最初的单纯的追求，这种追求对自己的文学建构是有很大好处的。

☾ 简洁：您的作品多以西藏为题材，您曾说过您写的西藏和人们想象的神秘的西藏不一样，您也收到了很多不同的建议，在当时是什么让您坚守自己的信念？
☾ 阿来：当初我自己开始写作时，别人就告诉我，你写青藏高原，写藏族的生活，不应该这么写。但我说，我是在这个高原上出生、成长，我看到的和你们说的不一样。当初我也面临巨大的压力，比如我写《尘埃落定》，有四年的时间，没有人愿意出版。有很多人屈服了，我也反复想过，我们写作是为了什么？是为了出点小名，挣点小钱，还是真正从事一个忠实于自己内心、情感和发现的一个事业。所以我觉得，有些时候，文学对我来说像一个信仰一样，我不可能允许自己背离文学这种"宗教"的基本宗旨和规范。或者某种程度上，它也有一种写作的道德。

- 简洁：当时有没有考虑过，这种关于少数民族和边疆地带的写作内容可能会面临没有市场的风险？
- 阿来：我相信当你非常真诚地把另外一部分人真实的生活都展现给别人时，别人也能理解。有个词叫情同此心，虽然我们表面上看起来如此不同——不同民族不同宗教——但事实上人面临的基本问题都一样：终级问题就是生与死，情感上的基本问题就是爱与恨。人性之所以相通是因为每个人都面临这四个字，从这一点出发，就能达成一致，就能真实地面对。而你不从真实出发，就会写出虚假的东西。你是虚伪还是真诚，勇敢还是懦弱，都可以从文字中感受到。

大多数的追问，关于人性和历史的，都是复杂的、需要耐心的

- 简洁：您的《瞻对》一书获得了人民文学奖，当时颁奖的评语中说"这部作品极大地挑战了读者的耐心，但对于文学史而言，这是非虚构写作史上不容忽视的力作"。您是一个敢于挑战读者耐心的作者，是因为您对读者有信心吗？
- 阿来：我觉得读者不是复数形式。如果把读者当成一个整体，我们的思路可能就会出问题。很多人告诉你：读者就想读点轻松的东西，读者不想读沉重的东西。我不要全部读者，我只要那些愿意接受我的读者。我相信读者里一定也有

跟我一样，有对历史真相感兴趣的。即使有些追问是简单的，但大多数人的追问，关于人性和历史的，都是复杂的，都是需要耐心的。这个世界上原本没有太简单的东西，只要指向人的精神、情感和社会制度，它一定是复杂的。所以这本书出来之后，跟别人推测的不一样，我相信的那些读者是在的，甚至比我期待的还多。

☾ 简洁：所以畅销书想要寻找的读者定位您并不赞同吗？

☾ 阿来：今天有个错误的观念是：想象我们有很多读者，我们就有很多的可能性。我们现在畅销书卖多少本？一两百万。中国是多少人呢，13亿。即便是那种最畅销的书，又在多少万人中才有一个人买你一本？所以追求那种大面积的效应，不可能。之前，《人民的名义》很火，收视率那也才7%对不对，已经非常了不得。所以你想把读者当成一个复数形式，当成一个总体，全部占有他们是不可能的。我们能看到的，就是我们占有一部分，找到相同志趣的人。我们平时看到的都是人庸常的一面，但我们往往忽略的就是：大部分人会随波逐流，但总有一部分人会尝试在某一个方面去突破。人就是有一种探索发现的欲望，而文学提供了这种可能性。那我们为什么要放弃呢？

☾ 简洁：您有本散文集叫《语自在》，您说从古到今，对于一个操持语言的人来说这都是一种时刻理想着，却又深恐自己难于企及的境界。在您看来，什么样的状态算"语自在"？这是您最理想的一种写作状态吗？

☯ 阿来：当然。语自在是从佛经里来的，就是说我们要达到一个人的充分自由的状态，佛教里不叫自由，叫自在。这不是说自由，而是说语言是用来表达感受的，这其实就是一种语言能力。语言永远要处理事物和对象，有的人能写出来，有些人不能，这也是艺术才能。这种能力不能只靠天分，还得不断提升能力，通过不断写作、训练，在体味事物的时候，也体味语言本身。终于有一天可以达到一种我想写什么它就是什么、我想写什么都能把它写得很好的状态，这才进入一个自由世界。

☯ 简洁：所以这个"自在"是指才能的要求，不是环境的限制？

☯ 阿来：对。我不是说审查制度是好的，我也反对审查制度，但是中国文学和世界文学走到今天，审查制度是始终相伴的。可我们从来没听说古代的作家讲他们写得不好是因为有审查制度——审查的是内容，谁审查过你的语言才能呢？它最多规定不能写的内容，但问题是可以写的那部分你有没有写好。前几天一位澳大利亚的作家和我聊天，他说，我们澳大利亚现在就不审查，除了色情和暴力，别的我们没有限制。他真诚地跟我说："我也读过你的书，我们也没有比你们写得更好。"而且我们想一想，现在很多西方的经典作品都曾经被禁过，劳伦斯的小说，乔伊斯·詹姆斯的小说，但是解禁后现在就是经典。我们现在有时是用审查的理由来偷懒，当然，它有一定影响，但不是绝对的，这是已经被文学史证明了的。

当我们掌握话语权，是去张扬这种恶，还是彰显这种善，这是一个很重要的问题

简洁：在《狗孩格拉》的扉页上您写道："我愿意写出生命所经历的磨难、罪过、悲苦，但我更愿意写出经历过这一切后，人性的温暖。"在一些中国的纯文学里充满了压抑的情调和牢笼的观感，这也是王小波说的中国小说的通病。如何才能不止于磨难的这一步，把温暖的底色显现出来？

阿来：这个首先依靠对人性的了解，其次和宗教有关——当然我们不信教——里面有个最大的原则叫宽恕。靠一味的仇恨、揣摸、抱怨，表达黑暗、表达丑，我们中国当代文学中表达这种东西太多了，甚至有一点这样的趋势：一旦我们吃过苦，就恨不得满世界都是苦，我们经历过仇恨和暴力的折磨，我们就只看到这种东西。

我的成长时期也一样，挨过饿，受过很多屈辱——这个屈辱不是我自己去选的，就是当时社会规定的家庭出身，生下来就带有原罪、被歧视，在社会的最底层。我们常说救赎，救赎不是靠别人，而是靠自己完成的。尤其是当我们经

历过那种苦难和非人的待遇后，有一天自己掌握了话语权，是去贬低别人，还是客观看待我们曾经受的苦难和不公正的待遇，是历史发展过程中的一部分。即使是人性，也不是某个人的人性，它是我们人性中具有的普遍性的东西。当我们处在有利的位置时，是去张扬这种恶，还是彰显这种善呢？这是一个非常重要的问题。如果中国文化不解决这个问题，我们哪怕取得再大的成功，可能就因为看到恶太多、看到仇恨太多，而使成果毁于一旦。

"做纸媒的大多都很焦虑，我没有这种焦虑"

简洁：二十世纪九十年代，您在《科幻世界》任总编和社长期间，曾让它成为全世界发行量最大的科幻类杂志。您如何看待杂志运营和时代的关系？

阿来：杂志运营跟时代没什么关系，我就觉得要把品质做好。默多克都说过，第一是内容，第二是内容，第三还是内容。类似的话当年美国《读者文摘》的创始人也说过。我们做媒体，就要研究最成功的媒体的理念，而不是具体做法。做媒体、做出版，最重要的就是发现那些最好的创作者，但现在我们出版行业很难做到，因为我们经常会判断失误，把一些不好的东西当成是好的，而好的东西我们又不觉得好，就慢慢把这些人埋没了。我不能说我创造了当年这些好作品，但我可以说我发现了它们最好的东西。

> 简洁：您对新媒体的发展，并没有传统纸媒从业者的焦虑？

> 阿来：这其实是文学品位的问题，我们做这一行的人，要懂得这个行业。现在大家说纸媒不行了，是因为受到新媒体的冲击，那时我就非常关注这个问题，我是在我的杂志上最早介绍互联网的，那时中国还没互联网的定义，有叫因特网，有叫信息高速公路的。我有个教授朋友到美国去讲学，说美国的网络已经比较成熟了，给我们写连载文章介绍网络。我相信这个时代一定会到来的，我不抗拒。这个连载12期的文章出了一本书，名字就叫《我在美国信息高速公路上》。那时我还买那些关于数字化时代即将到来的书发给大家。但如果我们真正做好内容，你怕什么新媒体？那时我给他们说过，无非将来我们不印杂志了。不能说刘慈欣和王晋康的小说发在网站、APP上大家就不看了。做纸媒的人大多都很焦虑，我没有这个焦虑。我后来离开是因为做出版和写作都是需要全身心付出的一件事，如果长此以往，我可能两边都做不好，后来我就告诉自己必须放弃一边。

> 简洁：刘慈欣是在《科幻世界》被发掘的。有没有想到之后他和他的《三体》会有这样的成就？

> 阿来：我们不会预估他会得什么奖，但我们会预估一个人的成长性。我们刚才讲，有了好的作家，你能不能识别。接着

还会出现一个问题：你帮助他往哪个方向发展？因为你给他提出意见是有风险的，你多少相当于指路的人，相当于导航，如果你给了错误信息让作者走错路，多走几次他就完蛋了。不管是杂志社的编辑，还是出版社的编辑，要充分观察和感受，这一方面的判断是非常重要的。

简洁：在《三体》得了雨果奖之后，中国科幻会不会有一个更好的发展环境？您如何看待奖项对作家的意义？

阿来：我觉得并没有。我离开《科幻世界》十年后，写得好的还是那些人，这就很糟糕了，本来我们是要不断有人出来，这才形成一个系列。当刘慈欣得奖时，我们已经不是从文学本身来讨论文学了。刘慈欣的好是摆在那里的，但现在我们媒体有几个人在说刘慈欣的真正价值呢？我们讨论别的文学也一样，包括介绍我，得奖没有，书畅不畅销。如果是个健康的出版业，一个作者不得奖我们也敢肯定他，就算读者暂时不接受他，我们要指出他的价值，让读者充分接受他，这才是真正的出版家，这才是真正的好编辑，这才是健康的出版环境。但我们现在可能不是这样。

简洁：最后，您可以给读者推荐几本您喜欢的书吗？

阿来：我还是希望大家读一点有难度的书。现在有时候我们过于照顾读者，就怕读者觉得有难度。我不推荐书，我推荐几个作家。中国我推荐苏东坡，他是个全才，诗词、文章、书法、美术都很好，而且心灵很自由。他特别像我们传统知识分子的追求：达则兼济天下，穷则独善其身。当他倒霉时并不会天天唉声叹气，他写非常旷达的文章。前后《赤壁赋》都是他一生最倒霉的时候写的，但你看他在里头一把鼻涕一把泪控诉什么没有？他看待人生和社会都是非常旷达的一个人。国外的我推荐美国诗人惠特曼，他写的都是雄壮的诗，这种特色中国诗歌不具备，他漫游美国大地，书写整个宽广的美国，我们现在写诗都是小感小受、小恩小爱，我们生活的细节、情感幽微的细部是非常重要的一方面，但人必须生活在一个更阔大的世界里。惠特曼对我的冲击就很大。

我觉得读一本书，读一个人的一部作品，我们很少能体会到什么。当我们喜欢一个作家，多读他几本书，在读他几本书的同时，你再研究一下他的人生经历，这样我们会得到非常多的东西，作品跟人生之间有个非常奇妙的互相映照、互相生发的关联。

后记：自在是一种才能的要求

和阿来的对话，最开始长久在我脑中停驻的，是关于故乡对写作者的影响，阿来的结论是：童年和少年时的地理环境，会形成人的基本的精神塑造，后来只是稍微有点扩张，最终的精神气质，好也好，坏也好，它已经基本成形了。对当时正在寻求写作方向的我而言，指明了方向。无论我想写的是什么，都离不开塑造我的这一切，回溯少年时代是不可或缺的必经之路，可以说，我的第一本书《少女与霓裳》，或多或少是因为想通了这一点而产生的。

但这一次回看时，吸引我的是关于写作的"自在"——用语言来表达感受时充分自由的状态。阿来认为，这种境界其实是一种语言的能力。如果自己感受到的一切都能充分表达出来，这是多么让人羡慕的能力。很多时候在阅读的过程中，我们会感到作者说出了我们想说而又表达不出的感受，会有内心被击中的感觉，其实再往深一层想，也许并不是写出这些文字的人感受更敏锐，而是他们能更自如地将感受转化为文字。

在和阿来对话前，我总以为写作的自在是一种状态，但阿来很明确地指出：这是一种才能。而且这种能力不能只靠天分，还得不断提升能力，通过不断写作、训练，在体味事物的时候，也体味语言本身才能达成。这靠的不只是瞬间的状态，还有时间的积累。"终于有一天可以达到一种我想写什么它就是什么、我想写什么都能把它写得很好的状态，这才进入一个自由世界。"阿来将这种状态称为"语自在"，我以前总希求能获得写作的灵感，但在这次采访后，我对这种写作自由的状态更加神往。它更稳定、更实在，也需要更切实地训练和付出。

之前我写愿望，总喜欢写"愿无处而不自得"，对于写作，我现在的愿望大概是，下笔时无处而不自在。

毕飞宇　小说家与小说课

毕飞宇　作家。生于1964年，江苏兴化人，现为南京大学教授。20世纪80年代中期开始小说创作，代表作有《青衣》《玉米》《平原》《推拿》等。作品曾获鲁迅文学奖、英仕曼亚洲文学奖、法国《世界报》文学奖，长篇小说《推拿》获第八届茅盾文学奖。

毕飞宇

对许多人来说，因为有了足够的生活积累，他拿起了笔。

我正好相反，我的人生极度苍白，

我是依仗着阅读和写作才弄明白一些事情的。

——毕飞宇《小说课》

第一次见到毕飞宇是在2017年深圳读书月时，他带着新作《小说课》来到深圳书城。排队签售的时候，长长的队伍里有母亲抱着小孩，也有刚认识的两个年轻人在交流：他的《玉米》真是好看。签售的时候，读者拿得最多的书是《小说课》，也有不少人抱着《推拿》和《平原》这样的旧作。从一个作家签售时排队人群的交谈和私语中，你能最直接地感受到他吸引读者的点在何处。

现场的毕飞宇风趣、幽默、健谈，回答问题时妙语连珠，是大学里最受欢迎的那一类老师的样子。他懂得台下的人想听什么，知道怎样以对方感兴趣的方式讲出自己想传达的内容，这种亲切而入世的感觉与在书斋中隔绝的作家形象形成反差。

但事实上，稍微熟知毕飞宇的人都知道，他之前连手机都不用。作家南翔爆料，几年前和毕飞宇参加中国作家岭南行，他们在一个队里，领队是莫言，让同行的人惊讶的是毕飞宇没有手机，因为怕被打扰。直到2015年8月，毕飞宇才用上手机，因为孩子出国读书，他给孩子承诺：在任何地方二十四小时都可以找到我。但毕飞宇依然没有微信，一个没有微信的人，意味着公众号、群聊、小程序这些新媒体时代的产物都无法介入他的生活。

没有微信却并不显得与时代脱离，是毕飞宇身上矛盾的魅力。他的隔离并不是因为害怕，相反，他对自己的专注力有信心。他写作的时候家里电话线是不拔的，"它响它的，我写我的"。有的作家写作时不能受一点声响打扰，但毕飞宇说像他这样有优等注意力的人不会受干扰。他对世界保持一定程度的隔离，是一种自信的、有掌控的、收放自如的状态。

毕飞宇现在是南京大学的教授，他很坦率地说，南京大学不要求他上课，只要求每一年做两个讲座，这讲座的内容却不含糊，积累出来的文学讲稿就是他的《小说课》。这本他以为卖一万册都算多的书，最后销量达到了十二万。

某种程度上，从这本书可以更为直接地认识到作为小说家的毕飞宇，认识他的审美和价值判断。他谈小说语言："只有文学的语言才能带来文学的小说。那种一门心思只顾编制小说情节的小说，都不能抵达文学的高度。"他谈审美的重要性："审美是每一个人的事，在许多时候，当事人自己不知道罢了。一个民族和一个时代的质量往往取决于这个民族和这个时代的审美愿望、审美能力和审美水平。"

在所有他讲的作家中，能清楚地看到他对鲁迅的偏爱："一部中国的现代文学史，其实是由两个部分组成的：一个部分是鲁迅，一个部分是鲁迅之外的作家。"他不怕和别人分享自己主观私人的感受：鲁迅的克制，鲁迅的冷，"这个作家就是这样，喜欢揭老底，不管你疼还是不疼。"

什么是一个好的作家？毕飞宇曾说过他偏向鲁迅：有力量，有丰沛的情感，同时兼有理性能力。尽管没有直接表达过，但作为作家，毕飞宇有自己想要达到的高度——不仅是文字上的美。

透过这些讲解小说审美的细节，毕飞宇的价值取向背后，传达的是一个作家高度的自律性。它不仅是宏观的，还是细节的。

有一个广为流传的说法：据说毕飞宇为了写《推拿》，做了一回"瞎子"。有记者曾问他写《推拿》时是否专门去诊所体验生活，他的回答是：去诊所，有；去诊所体验，没有。他没有把看到的、听到的盲人生活写进《推拿》。"作为一个小说家，我有我的尊严，这个尊严就是虚构，它也是小说的尊严。为了写小说，我去偷窥，我去骗取信任，然后再把朋友掏心窝子的话写到小说里去，这样的事我不会干。我的想象力不答应。"在这次采访中，我再次感受到这位自律到在这个时代显得有些刺眼的小说家的魅力。

写作是混沌的，真正的阅读也是混沌的

简洁：您2017年出版的《小说课》广受好评，让人认识到了

您写小说之外的另一面。这部作品和您以往的作品性质都不相同,怎么看待这本书对您的意义?

◎ 毕飞宇:哪里能谈得上意义,硬要找一点的话,也就是激发了大家阅读经典小说的兴趣吧。老实说,阅读经典其实也是有一点难度的,经典大多有它的门槛,绝对不可能像广告那样好读。我的这本书就是一本导读,属于科普的性质,我希望《小说课》能对大家阅读好小说有所帮助。

◎ 简洁:您曾说过不喜欢这本书,因为作为教师在课堂上只能使用逻辑,而作家的创作实际上要灵动得多。如果不局限在课堂上,您理想中的想让读者感受到的小说写作是什么样的?

◎ 毕飞宇:是的,我真的不喜欢。但是你也不要误解,我不是说这本书写得不认真,或者说我在胡说,不是这个意思。你也知道,我是个作家,平日里也喜欢和朋友们聊小说,那是很感性的,很随意的。可是,课堂有课堂的要求,大学课堂尤其是这样,你必须有很强的逻辑性,你要条分缕析,这就容易带来一个误解,以为作家的写作也是这样的,会分出一二三四甲乙丙丁来。那不是作家的思维方式,这个我一定要说清楚。如果你那样认为,那是你自己的事,我从来没有那样说过。我的遗憾就在于,我的讲课方式容易引起那样的误解,可是在课堂上,你不这样也不行,所以我很两难,也别扭。我所说的不喜欢,原因就在这个地方,老实说,这本书本身还是可以的。

- 简洁：如果读者希望您继续出《小说课》的系列书，您会愿意吗？
- 毕飞宇：我的重点肯定是小说创作，这个不会改变。我是作家，我的基本工作还是为读者送去小说，《小说课》这样的书也许还会写，但一定不是重点。老实说，《小说课》受到这样的欢迎不在我的想象之中，我一开始以为有个一万册就不错了，现在已经印到十二万了，也许会更多。但我是个明白的人，《小说课》的待遇不是我的魅力，是经典小说的魅力，经典小说是不死的，它永远会受到读者的喜爱。

多读书对延长写作生命是有好处的

- 简洁：您认为对作家的写作生涯来说，有宽广的生活是重要的。阅读和生活经历对作家创作如何起到不同的支撑作用？
- 毕飞宇：生活积累对一个作家来说是最为宝贵的财富，这是一个文学的基本常识，这句话一定不会错。但是，如果你热爱文学，生活的积累上如果有欠缺，也不是不可以，那你就需要花更多的力气去阅读。我就是那种生活阅历不够通过阅读而支撑起职业生涯的人，我可以，别人也可以。我个人认为，多读书对延长写作生命是有好处的，你可以写得更长久。

- 简洁：在《小说课》中关于"直觉"的部分让人印象深刻，

于是
我问我的心

"直觉可以抵达逻辑永远也抵达不到的那个地方"。在以写作为目的的阅读中,让人有豁然开朗的感觉。直觉于写作的意义有多重要?

毕飞宇:对艺术家来说,直觉都是重要的。一个艺术家需要逻辑,但是,艺术家的思维主题却不是逻辑,王安忆教授有一个说法,她说,一个小说家知道哪里有小说很重要。哪里有?哪里没有?这个问题逻辑是帮不上的,只有靠作家的直觉。说实话,关于直觉,我的体会大于分析,我其实也说不好。离开了具体的文本,我更说不好,这也是我的局限。

简洁:像詹姆斯·斯科特·贝尔写的《这样写出好故事》这样关于结构、原理、情节的详细的小说写作教程,对写作者来说是否有用?

毕飞宇:我想这样告诉你,对有些人有用,对有些人没用。如果你写作很久了,一些问题一直没能解决,这个时候你遇上这本书,作用也许非常大,它是直接的。但是我也要说实话,假如你没有任何写作实践,仅仅依靠几本"葵花宝典"就想写小说了,我现在就告诉你,门儿都没有。

"我是一个直接的人"

简洁:您在细读作品时要紧的有这么几点:"在审美上特别

能唤起我的地方要做标记，以我的写作经验不容易处理的地方要做标记。"在读《小说课》之后读者能否自行完成这样的阅读？

> 毕飞宇：我是一个直接的人，说话的时候大多采取以我为主的方式，上课的时候也是这样。这也带来一个问题，读者会以为我所说的带有普遍性，其实不是这样。我在南京大学的讲台上可以说毫无保留，有人说，你不能这样的，你要藏着。这个担心是多余的，因为我知道，每个人都不一样，我的方式只属于我，别人的方式只属于别人。我的意思是，我的阅读方式是我的，你可以借鉴，你也可以保留自己的方式。我在年轻的时候遇上自己喜欢的段落还要抄写一遍呢，这个方式现在就没什么用，现在有复印机，有百度，太方便了。

> 简洁：在讲解小说的时候您用性格、智商、直觉和逻辑来分析作家。您说自己更偏向鲁迅，有力量，有丰沛的情感，同时兼有理性能力。为什么是鲁迅？

> 毕飞宇：从性格、智商、直觉和逻辑这几个角度去分析作家和作品，这不是我的发明，更不是我的方式，是国际上通行的。我觉得有道理，我也就这么做了。我觉得，鲁迅在性格、智商、直觉和逻辑这几个方面都是一个好作家的样本。作为朋友，作为同事，作为邻居，鲁迅的性格好吗？未必，我就不希望有这么一个同事，但是，他的偏执却是一个好作家必备的，从神经类型上说，一个偏执的人很少拥有理性能

力，鲁迅恰恰又具备这个特征，这很难得。在我看来，鲁迅是上苍送给中华民族的一个礼物。

☾ 简洁：在讲过的作家中，您有一个观点，中国作家里面影响最大的还是曹雪芹和鲁迅，既是伟大的作家也是可以学习的作家（托尔斯泰、雨果、塞万提斯也是这样的作家）。这种"可以学习"体现在哪里？

☾ 毕飞宇：这个问题从正面回答有点费劲，从反面来说就容易了。李白，这个人就不适合做教材，你学不来。他爱喝酒，二两下去就不知天地为何物，却能口吐莲花，这个一般的人就做不来，要不然你去试试？

☾ 简洁：为什么说鲁迅的"太克制"其实是很让人心疼的？怎么看李长之在《鲁迅批判》中说的"太生气了，就破坏了文字的美"？

☾ 毕飞宇：鲁迅是鲜明的，鲜明的人都有一个共同的命运，喜欢的人喜欢上天，不喜欢的人恨不得把他拉出去毙了，他活着的时候就是这样，他自己也知道。在这里，我们不讨论，因为这个问题没有止境。把鲁迅交给苍生吧，把鲁迅交给时光吧，爱不爱鲁迅都不是罪。他早就死了，却依然活着，就这样。

☾ 简洁：书中提到作家的基础体温的问题，您的基础体温是偏高还是偏低的？在写作时您会"处理"自己的体温吗？

☾ 毕飞宇：当然要处理，我也有感情，写作的时候我也会哭，你以为我是铁打的？经验告诉我，一边哭一边写我很不擅长，办法很简单，哭过了再写。

☙ 做作家没有想象的那么不容易

☾ 简洁：您曾从加缪那里学到如何去描写事情和人物：如果你想描写一个人物，只需要久久地关注。如今能引起您关注的对象是什么？

☾ 毕飞宇：我更多的是关注我自己，别乱。我很想说，做作家没有想象的那么不容易。

☾ 简洁：面对当今世界就认知而言，您承认您的吃力，因此博尔赫斯说的"不要写你想写的小说，要写你能写的小说"是重要的。于写作者而言，如何抵抗信息时代过量信息带来的焦虑感？

☾ 毕飞宇：我焦虑，我的焦虑不是信息过量，我的焦虑是我的感受与信息不对等。我感到了艰难，我希望这只是我一个人的艰难。我祝别人好运。

☾ 简洁：您是非常自律的书写者，在小说写作时保有的尊严感让人敬佩。之前谈到《推拿》的创作时您说过，"为了写小说，我去偷窥，我去骗取信任，然后再把朋友掏心窝子的话写到小说里去，这样的事我不会干"。如何区分"体验生活"和怀着自己的目的将这些写入小说的界限？

毕飞宇：小说在本质上就是虚构，我喜欢虚构，即使真人真事打动了我，我依然会选择虚构，这才是我的工作。还有一点很重要，所谓的"真人真事"，这是一个十分可疑的说法，你知道，每个人都生活在具体的时空里头。它在具体的时空里头是真的，如果你把时空放大了，这个所谓的真就会出问题。一只蚊子告诉你，这个世界没有冬天，对吗？当然对。可是，全人类都知道，这是一个荒谬的结论。一个小说家最需要避免的就是让自己变成一只蚊子，他要克服的，也是蚊子的真。

简洁：之前有一个让您印象深刻的写打怪升级文的学生，让您想到王国维讲的"凡一代有一代之文学"，怎么看如今写网文和公众号这样可以实现文字变现、迅速致富的现象对写作者的影响？

毕飞宇：我不反对靠写作去挣钱，但我们这一代作家和我的上一代作家不是这样，也不是我们清高，时代对一个人的影响是巨大的，除了少部分人，我们一般不会为了致富去写作。

简洁："五十而知阅读"是您的一个阅读理论，说现在读书的感受是已经可以不读新书了，一本不读都不要紧，只要把读过的书拿出来再读就行。对于阅读积累没那么多的读者来说，如何在觉得新书好书太多的情况下选择自己的阅读内容？

毕飞宇：这其实也是一个夸张的说法，怎么可能不读新书呢，我那样说无非是强调阅读经典的重要性。说到底，读什么并不重要，重要的是这个行为。

后记：文学的祛魅

毕飞宇之前没有手机，现在有了手机也没有微信，写作的时候不关机，但电话响了也不会影响他写作。在前期沟通时，从表象上看未免有些困难和冷淡。但在发采访版面给他确认时，因为怕打扰，我只发了邮件，但很快收到了他发回的短信："接受你采访是值得的，你的文字很好。"

如果说前半句是对我采访工作的肯定，后面对我文字上的肯定则更让我开心——那是在疲倦的中午时分收到的灵魂激励。

我还想记录一点，那就是对写作对象的关注。

毕飞宇提到加缪的一句话："如果你想描写一个人物，只需要久久地关注。"毕飞宇说他把这句话放在他的脑子里，从那天起加缪就成了他的老师，教导他如何去描写事情和人物。关注可能是温和的，也可能是苛刻的；有可能是赞美的，也有可能是批判的——但重要的是花时间去关注。

而他的小说比我们写得好一点，没有任何秘密，"只是因为我在小说上付出的时间比你多得多，把有关文学的才能发挥得比你充分，如果你用了跟我一样多的时间，一样的经历，你会写得比我好。"每当我感到无话可写时，就会想起这段话，收起自怨自怜之心，对正在经历的一切投以关注，而在这关注中，总能找到我想要的。

这与毕飞宇在《小说课》中提出的文学的"祛魅"是一致的："在文学这个问题上，我们一定要祛魅，不要刻意地神化天赋。……你们要相信我，天赋是可以发掘的，天赋也是可以生长的。"

我相信。

陈楸帆　是时候重新定义现实

陈楸帆　科幻作家。1981年出生于广东潮汕。毕业于北京大学中文系与艺术学院，曾多次获得全球华语科幻星云奖、中国科幻银河奖、世界奇幻科幻翻译奖、亚洲周刊年度十大小说奖、茅盾新人奖等国内外奖项，作品被广泛翻译为20多国语言，代表作有《荒潮》《人生算法》《AI未来进行式》等。曾在Google、百度、诺亦腾等高科技企业从业，现为传茂文化创始人。

陈楸帆

倘若我们能够借助文字与想象的力量,

去弥合不同现实之间的差异,那么我们便可以说,

文学并没有被放逐或者遗忘。

——陈楸帆《是时候重新定义现实了》

☾ 重要的不是时代如何改变你

陈楸帆属于那种一直跑在前面的人。

他毕业于北京大学,先后在谷歌和百度工作多年。用他的话说,他处于变化速度最快的领域,而他在这个变化最快的源头。

感知变化对陈楸帆而言还有另一重意义:作为知名的科幻小说家,接受信息不是最快的话,很容易落伍。作为中国科幻界的实力派,陈楸帆已经斩获了中国各大科幻文学奖,2013年,他获得全球华语科幻星云奖金奖的作品《荒潮》,被中国科幻领军人物《三体》的作者刘慈欣称为近未来科幻作品的巅峰之作。同一年,陈楸帆的作品《鼠年》登上了美国《FSF》杂志,成为打入美国科幻杂志圈的第一个中国作家。

但陈楸帆给自己的标签却是:业余作家。

美国科幻星云奖和雨果奖双科作家刘宇昆,第一次见到陈楸帆时形容他："和其他中国作家不一样"。比如"饭后几乎每个中国作家都开始抽烟，他却没有"，再比如，从北大中文系毕业，却去了百度和谷歌这样的科技公司工作。

这种不一样也许描述的是一种气质：帅，酷，还有极易辨识的商业精英气质，这让陈楸帆与科幻作家通常有的技术宅和作家范都不一样。他"总能在聚会中以尖刻的智慧与幽默的戏谑控制谈话的节奏，活跃交流的气氛"——这是企业喜欢的社会型人才，而作家们通常有着一些任性和怪癖。

陈楸帆这样解释他的"业余"：业余指的是心态上给自己的定位，不靠写科幻小说养家糊口，所以不会带着生存压力去写作，能够设定一个比较合理的期望值。

在这个纸媒维艰，靠写作为生的人大多活得辛苦的时代，陈楸帆在互联网企业的精英状态，显得非常现实主义。

但这种现实主义赋予他另一种自由。当有人评价他"您的稿子有点深，读者理解起来有些难"，建议他"把文笔控制一下，降低一下高度"时，陈楸帆能非常淡定地回复：难道我自己不知道吗？

早年，与郭敬明的最世文化签约时，有人担心陈楸帆在严肃读者中的声誉会受到影响。陈楸帆的意见是，不管人们对郭敬明有什么看法，他在市场开拓上是最成功的，从长远来看对科幻小说的推进是有益的。效率和执行力是重要的，因为"你并不知道，将来的某一天，是否人们就不看书了"。

对怀旧的沉溺，对艰辛的抱怨，对现实的失望，在陈楸帆的身上是极少看到的。在他身上更多的是，不停地向前，向前。

重要的不是时代如何改变了你，而是始终知道自己想要成为什么样的人。

天真的梦想还留着

同时，陈楸帆又是天真的。想改变世界——这个孩童时的梦想他还留着。如果有意寻找可以发现，一个人孩童时期和家乡带来的影响足以持续一生。陈楸帆的父亲从事偏技术类工作，他自己从小喜欢看《科学画报》和《十万个为什么》。他生在广东潮汕，而广东"是一个非常科幻的地方"，这些都成为陈楸帆写作的理由。

《荒潮》中垃圾之岛"硅屿"，原型是广东贵屿，离陈楸帆的老家很近。这个人口不足二十万的小镇，遍布着三千多家从事电子垃圾回收的企业和家庭作坊。在陈楸帆笔下，一座被进步浪潮抛弃的垃圾之岛，对生态灾难习以为常的麻木岛民迎来了不可预知的变化。

将变化中的中国的痛苦书写出来，恰恰是因为渴望看到它逐渐变好。对于陈楸帆来说，科幻的迷人之处在于，它有积极地用想象力去介入、扭曲并改造现实的一面。

他对进入谷歌工作的坚持，也许是对这种改造的尝试——这是在他看来最"科幻"的一家公司。

于是
我问我的心

尽管在谷歌的五年间他从事的是商务合作的工作，但由于谷歌的开放透明，陈楸帆获取了大量的前沿科技信息，他最欣赏谷歌的Project X（X计划），在这些计划中，有像无人驾驶、Google Glass（谷歌眼镜）、太空天梯、个人基因测序这样像科幻小说一样可以改变世界的项目。虽然"X"中的大部分，投入无期，遍尝失败。

而在五年前他无法想象的，还有这个公司给自己成长带来的可能性。

在这里，他习惯各国口音的英语，习惯三四个时区的换算，飞到不同的国家，和不同文化的人一起开会，学会用英语讲笑话；在这里他开始定期踢足球，因为参加各种活动是扩展本部门之外人际关系的最佳途径；在这里习惯，自己不是一群人里最聪明的一个，每个认识的人都才华横溢、野心勃勃。"原来开会可以这么有趣，原来和老板说话可以这么开放，上班可以喝酒，可以休三个月无薪假去实现人生梦想。"

可以说，谷歌把陈楸帆变成了一个更丰富的人。之前那个上北大、读中文系是因为老师忽悠，找工作考虑的是比同学更快入职的少年，生命中有了更多的东西。

即使后来转战百度，在百度的狼性文化里，仍然看得到陈楸帆身上的这种科幻的天真。他提起任期内百度一款产品：刷脸，在概念上就让人感到非常科幻。

"不要给自己设限，永远不要觉得自己'不能'做什么。"这是他学会的最重要的东西。他至今仍在追求的是：过上科幻小说中的生活。能够真正把一些科幻里的技术、场景在生活中实现。

相信眼前经历的种种，将来会联结在一起

有人说，偏执狂比较容易成功，因为他们只专注于一个目标。以这个标准来看，陈楸帆做的事太多了。

这也许从他近几年觉得最有启发的书《反脆弱》中可以得到解释：我们身处在一个充满认知陷阱的时代，要更多地去尝试不同的事物，拒绝无趣，从而提高自己在风险中反脆弱的能力。

当他回到家乡，看到那些当年一起成长，并一直留在本地的同学，他们的生活和五年前基本上没有太大的区别。他们觉得出去闯荡的人很累，出来的人觉得他们生活无聊。两者"处在一种互不羡慕的状态"。

知乎上有人问：你想过什么样的生活？

陈楸帆的回答是：我觉得我现在的生活已经超出了小时候所能想象到的水平，进最理想主义的公司，每年出国旅游，参加梦想中的世界科幻大会，甚至还能让许多人读到我胡思乱想的小说，还能拿奖。在物质层面，我并没有太多需求，只求一份安全感。

他有时也对慢有渴望，比如"让更多的人听到我的声音，然后隐居于无人知晓的角落"。他把一首叫《能够》的诗转发了两遍，"懂的人自然会懂"：

于是
　　我问我的心

　　能够有大口喝醉烧酒的日子

　　能够壮烈、酩酊

　　能够在中午

　　在钟表滴答的窗幔后面

　　想一些琐碎的心事

　　能够认真地久久地难为情

　　能够一个人散步

　　坐到漆绿的椅子上

　　合一会儿眼睛

　　能够舒舒服服地叹息

　　回忆并不愉快的往事

　　……

但我怀疑，陈楸帆很快又会回到他那个"快"的世界：快一点，多看到一点，那些别人不相信的、更好的世界。就像他说的："我没有什么最近的目标，只有比较远的梦想。别人都不相信、不理解的目标才是有实现价值的。"

他相信乔布斯在斯坦福大学演讲时的话：我们做的事，在你往前看时并不能把点都串联上，只能在往回看时才可以。所以你得相信，眼前你经历的种种，将来多少会联结在一起。你得信任某个东西，直觉也好，命运也好，生命也好，因果也好。

陈楸帆说这种做法从来没有让他失望。

"我以我平淡无奇的人生作证。"

陈楸帆

*

"在中国语境中，相当长一段时间里，写科幻、读科幻、研究科幻的人常常能听到这样一种声音：现实一点吧。于是我不免要思考一个问题：究竟什么是现实？"这是科幻作家陈楸帆在2017年上海书展上演讲的开场白，这一年，上海国际文学周的主题是科幻，同时出席的作家有王晋康和韩松。2017年，也是我第二次采访陈楸帆。

彼时，陈楸帆刚从赫尔辛基的世界科幻大会回来，身上还穿着不合时宜的厚衣服，在至今已举办了75届，每年一度全球科幻迷的盛会上，他看到不同肤色、语言、信仰、性别的人们，为了《冰与火之歌》《三体》《星球大战》等想象中的世界如痴如狂，这种情感的浓烈度远远超过对现实世界的投入。而在回来的第一时间，他向人们提出了问题。

不能把传统文学的评价体系套用在科幻上

在深圳见到陈楸帆时，离他的这场演讲刚结束不久。事实上，这是我第二次采访陈楸帆。上一次采访是在2015年，他刚从百度辞职去了另一家智能产品企业担任CMO（首席营销官）。北大中文系毕业，在谷歌和百度两家大型企业多年的工作经历，使人很容易就感受到他身上互联网精英的气息。当时他身上很明显地有着处在变化最快的互联网行业的焦虑：时间不够用，被碎片化阅读侵袭，专注的时间总是被不断响起的手机信息声打扰。

而这次见面，他身上某种属于写作者的沉静气息盖过了上一次采访时的印象。陈楸帆现在手机是不会响的，因为所有通知都不开，除非点开，不然根本不知道有人找他。一定的"隔绝"是必要的，他现在已经可以在一上车时就打开电脑开始写作。当我问起他这两年最大的改变，他的回答是重心向创作上偏移，"因为创作时机还是比较重要，现在科幻的发展势头也比较好，想趁着这个机会多写点东西。"

作为一个早已斩获国内外多个科幻奖项的作家，如今这种偏移工作重心的决心，某种程度上是中国科幻创作环境的变化的体现。《三体》和《北京折叠》先后获得雨果奖后，从文化圈到整个社会对科幻的关注程度有所提高。不仅是书展上将从前只属于主流文学的议题向科幻开放，主流文学杂志也开始设立科幻的栏目。现在陈楸帆每个月都会收到不同平台的约稿，"很多是主流文学的，所以光是写这些我就写不完了"。

但这并非说明中国科幻的道路从此就一派乐观。就像《科幻世界》杂志前社长阿来所担忧的：现在很多人关注刘慈欣，并没有关注到他真正的价值。陈楸帆在和主流文学平台对话的时候，有时也觉得鸡同鸭讲。"主流文学评论界很多时候还是用传统文学的那套评价体系，来套在科幻作品身上，但其实科幻作品有它独特的一些地方，包括它的美学和认知上的一些特点。所以有时候他们就会说大刘（刘慈欣）文笔不好，他对角色的刻画比较平面、比较单薄。但其实大刘想要表达的是自己的一些科幻专属的特质，比如说特别宏大的这种美学，还有横跨时空和宿命的感觉，这可能就是传统文学很难去描写与表现的。"陈楸帆觉得，还是要持续地对话交流，更多地了解对方。

科幻现实主义与预言成真

科幻作品本身其实远比人们想象的要更无限接近现实。"科幻现实主义"这个词是陈楸帆在2012年星云奖的科幻高峰论坛上提出的，"科幻在当下，是最大的现实主义"，在当时的发言中他如是说。

这个判断很快在2013年北京一场让人们震动的雾霾中得到佐证。"老孙住在十七楼，正对着大路，没遮没拦的，要是一觉醒来天还没亮，那准是起霾了。窗外一片晦暗，使劲望出去，才能看见朦朦胧胧的楼房，在灰黄的背景间露出轮廓，像是砂色的凸版画，路上的车都开着大灯，喇叭响个没完，在交叉路口车挨着车，乱成一团。天和地没了界限，人和人也不分明，都那么灰头土脸的，罩着个带过滤嘴的面具，跟猪头怪物似的，成群结队地在道上走着，倒是比开车要快。"这是陈楸帆早在2010年的小说《霾》中就预言的场景。

当我问起他对预言成真的感受，陈楸帆表示并不意外："很正常，你写这么多，总有一两篇能中的吧。"在他看来，中国本就是一个科幻色彩浓厚的国度。"你可以看到最原始、最粗鄙的现象，与最前卫、最未来的理念并行不悖。可惜主流文学不争气，没能表现其中的万亿分之一。"陈楸帆曾这样表达过科幻可以到达的高度。

传统文学的现实主义可能更多处理的是人与人、人与自然、人与社会的关系，但其实如今这个时代，科技已经在日常生活里扮演着不可或缺的角色。你很难想象现在描写一个人的日常生活是没有科技的，即使写乡村故事，它还是有科技的元素。"所以如果不把与科技相关的这种虚构纳入这个现实主义的话，那这个现实主义就是不完整，而且是残缺的现实主义。"

他看到以往的纯文学的一些作家，可能对科技不敏感，甚至有一种畏惧心理。"但是我觉得科幻最好的一点就是它不排斥，它能从一个更超越的角度去看科技到底怎样改变人性。"忽略这个事实去谈现实主义会局限人们的视野："我们总是本能地认为自己所处的世界便是唯一的现实，并贬低、歪曲、消解其他现实的可能性及其价值，无论是以何种形式，都是一种现实对于另一种现实的暴力。我们不能因为以往的历史原因，只去着重某一类型的现实主义，而忽视了其他的限制。我觉得科幻绝对是现实，甚至比传统的现实主义还要现实主义。"

不断增长的科幻读者也是另一个方面的证明，就像科幻作家韩松所说的：中国是一个缺乏想象力的国度，而科幻解放了想象力，同时，科幻作品不是不着边际的幻想，也不是简单的科普，它很直接而真实地反映了这个时代的命题和困惑。当代中国科幻小说，往往直接来自作者日常生活中体验的痛苦，所以打动了人。

陈楸帆

进入英语市场，就等于进入了大半的国际市场

被这个时代的命题和困惑所打动的，不止是中国的读者。陈楸帆作为打入美国科幻杂志的第一个中国作家，于2013年在美国《FSF》杂志上发表的《鼠年》就是一个很好的例证。它进入英语市场甚至比《三体》和《北京折叠》还要更早。这部作品在之后又被翻译成日语、波兰语、瑞典语、西班牙语等多个语种，这让陈楸帆成为当代文学向世界发声的代表之一。

陈楸帆作品国际化的特质很容易让人联系起他之前在国际大公司的工作经历。但我问起时，他却说关系不大。"主要还是因为认识刘宇昆吧，我是第一个跟他产生交集的中国作家。"但他联系刘宇昆的过程还是多少体现了这种思维习惯：在网上读到刘宇昆的小说，然后就找到他的邮箱给他写邮件，"就特别直接，我一般就是这样，想跟谁联系就直接给他写邮件"。

刘宇昆翻译的陈楸帆的作品，陈楸帆都会对照译文，"他在处理的过程中很有技巧地把一些在中国语境里特有的东西，转化为在英文中也能理解的表达方式"。这也是《三体》获得雨果奖后，人们在讨论刘宇昆翻译的重要性时反复提起的因素。陈楸帆认为，英文这个媒介特别重要，因为所有的其他语种的人都会看英文市场，"所以进入英语市场就等于进入了大半的国际市场"。

国外读者和评论家的反馈，让陈楸帆感到他们能够切实理解他的作品表达的情感。《鼠年》在日本还获得了读者票选奖。

于是
我问我的心

"写的时候我其实想的就是在中国发生的事,中国的教育制度,中国年轻人的迷茫等这些东西,但有可能对日本来说也是一样的,他们的年轻人也很迷茫,也面临着失业,找不到自己的位置等这样一些问题。"

让陈楸帆觉得很有意思的是:在翻译的过程中,一方面会追求一种世界性,希望不管什么文化背景的人都能读懂你的故事,都能知道你要表达的是一种什么样的情感;但另一方面读者可能希望在中国的科幻小说中看到带有中国特色的一些印迹。这其实是既矛盾又融合的事。

借助文字与想象的力量

陈楸帆在互联网行业的工作还给他带来一个好处,这让他认识很多做科技创业的人和科学家,这些人经常会有一些有意思的点子。

和王晋康他们那辈科幻作家主要以阅读获取素材不同,陈楸帆可以接触到的是一些更具体的实践和尝试。比如百度在2016年曾发起的一个"凡尔纳计划",邀请尖端科学家及知名科幻作家加入,"科幻作家提供想象力,科学家论证可能",以此在人工智能等领域进行合作。虽然没有下文,但给出了一个很好的思路。

陈楸帆还加入过一个国外的计划,请全球范围内的科幻作家、编剧、电影人组成一个科幻顾问委员会,坐飞机从东京飞往旧金山，假设过程中遇见了时空的气流，穿越到二十年后的2037年，以乘客的视角去描写2037年的一个世界。此外陈楸帆还参与了如未来房屋这样的项目，设想二十年后的未来房屋的形态或变化会给社会带来一些什么样的冲击。

"别人不相信能够实现的才叫梦想。"这是我上次采访陈楸帆时听到的最震撼我的话，而他现在依然这样认为。"现在好多人都说'我有一个音乐梦想'之类的，我觉得那只能算愿望，一个人的人生愿望。像Elon Musk上火星那样，才能算梦想。"

陈楸帆想做的事太多，但比起前两年，他更加清晰的是想象与写作的力量，想象与现实的关联。就像他在上海书展上演讲的结语：

"倘若我们能够借助文字与想象的力量，去弥合不同现实之间的差异，去安抚忧惧不安的心灵，去引发技术时代更为深刻的情感共鸣，那么我们便可以说，文学并没有被放逐或者遗忘，恰恰相反，它将发光、滋长、绽放，成为照亮人类前行的启明星，哪怕终点是宇宙的热寂与虚无。"

◎ 简洁：现在中国科幻作品有一个良好的发展前景，但也有人指出，中国十年前科幻作品写得好的是那些人，十年后还是那些人，作家的接续出现了断层，你怎么看这一点？

☪ **陈楸帆**：现在其实有一些年轻作家已经崭露头角，各有各的风格，可能还需要一个比较长时间的积累，才能让更多人看到他们的东西。因为在中国科幻界，就比如说刘慈欣，他肯定吸引了百分之八十甚至九十的注意力。很多人是因为刘慈欣才开始关注中国科幻的，这就树立了一个非常高的标准，不管是在国内还是国际都是顶尖水平，很多人看完他的作品再去看别人的时候，就会有一种落差。如果对科幻有一个比较全面的了解，就会知道有很多不同的流派，历史上有不同的演变等，就不会觉得只有《三体》代表最好的科幻。比如韩松老师的作品，可能就更加文艺，更加着重于探索人性和内在世界的一些东西。现在很多人一上来就看的是《三体》，就有一个特别固化的印象，说这就是中国科幻。

☪ **简洁**：有这样一个说法，近年科幻的走红离不开中国这些年的急速变革，您觉得是这样吗？

☪ **陈楸帆**：中国确实是一个加速进化的一个社会，比如美国现在的铁路系统可能还是几百年前的那个样子，但中国现在已经提速到这么快，有可能还能更快，这其实是很难想象的。我们一直生活在一个超速发展的节奏里，这就会导致很多人对变化产生焦虑，因为变化太快了，没有办法预料接下来三五年会发生什么事情。

- 简洁：人们是对变化产生焦虑，而并不是像一般想象中那样，在面对高新发明的时候会期待这个未来赶快到来？
- 陈楸帆：我觉得人的心态很矛盾，一方面特别期望它到来，一方面又特别害怕它到来。比如说人工智能、转基因等很多技术，肯定会有一帮人鼓吹，另一帮人就特别害怕，这是一个多元、复杂、矛盾的社会状况。

- 简洁：您之前谈到一个问题是如何保持对生活中的一些事情的敏感性，作为作家来说如何保持这种敏感性？
- 陈楸帆：还是得摆脱惯性思维，不要认为什么事都是习以为常的。很多东西你以为很简单，但其实了解深了完全不是那么回事。你觉得很普通，只是因为你了解得不够深入而已，比如大家都在讲AI、讲VR，但是讲的大多是特别浅显的东西，你要深入去探究，背后其实有特别多复杂的理论，它是交叉学科的，大部分人可能都没有耐心深入到那一层面。作为写作者，如果只能在浮泛的表面上去理解事情的话，写出来的东西就跟你的读者的理解也差不了太多，就不可能给他们带来新的冲击。

- 简洁：现在专职的科幻作家还是很少，很多都是像您一样边工作边写作，科幻对您来说意味着什么？
- 陈楸帆：前一阵我还跟刘慈欣吃饭喝酒，聊到《三体》第一部写出来之后他正好要下岗了，他们那个娘子关电站要关了，2007年在成都开世界科幻大会，其实他根本没有心思开，就想着怎么样能找工作，当时他想去四川省电力局找工作，人家不要他，因为要研究生学历，他虽然是高级工程师，但是没有研究生学历，所以心情特别沮丧，根本没有心思谈什么科幻。如果刘慈欣需要得个雨果奖才去写《三体》，那他肯定写不出来，他不可能有那个心态去写，我觉得他就得在娘子关那样的一个封闭式的环境里才写得出来，完全没有期待，也不知道这东西能换来什么。因此可以说，科幻对我是另一个人生的境界，另一个维度的精神上的寄托，把现实很多东西都抛开了，让自己投入里面去。

*

陈楸帆是第一位我采访了三次以上的人物，我很少有机会观察到六年来同一个人物不同的成长状态。说起这一点，我和他都感到有缘和不可思议。第三次见面时，我们谈到了几次采访的时间。2015年，2017年，2019年，差不多是两年一次，有些像是没有计划的纪录片的感觉，我的采访某种程度上可以串联成他这几年的一种记录。"这样也挺有意思的。"再见面时他对我感慨道。而在我，大概是很少有机会观察到六年来一个人物不同的成长状态。

第二次采访时，陈楸帆身上很大的一个变化是，他开始对自己的写作感到焦虑，开始思考怎样让自己的写作更好一些，更"文学"一些。那时我在心里感叹，这种焦虑大概是写作者所不能逃避的，只要面对写作，思考在自己的人生中写作到底是不是一件最重要的事，这种焦虑就不能避免。

陈楸帆

这次见面，我知道两年前陈楸帆的那种变化从何而来。2017年，正是他考虑辞职创业的时候。从IT从业者到公司高层，再到辞职创业，他身上的精英感越来越被作家的敏感所覆盖。在这次采访中，他第一次谈到他的不安全感。相对于其他作家，陈楸帆的精英特点还是很明显，但对于我来说，那种不确定性和初次采访时感受到的笃定形成了微妙的对比。"是因为我和你越来越熟，所以展示得越来越多，还是你自己确实有这样的变化呢？"我忍不住问他。

不管答案如何，跨越五年的时间，有机会观察同一个人物不同的变化，这本身就是采访和相遇的迷人之处了。

- 简洁：在《人生算法》这本书的序言中，王永刚说您的写作是在努力打破未来与现实，科学逻辑与科学文本之间的固有屏障。您是有意识地在这样做吗？

- 陈楸帆：对，因为我个人的经历跨了不同的领域。我大学是读中文系的，然后在科技公司工作，所以我很明白，在两者之间其实经常存在误读和误解。很多时候写作者不理解AI是什么，所以会出现在业内人看来比较荒谬的一些说法。科技圈同样会对文学有一些偏见。我想做的就是让不同领域、不同视角的人，能够寻求到共识。你可以叫作寻求共识，也可以叫作打破边界。大家努力用对方能够理解的语言去说话。这样子可以把这种共识看成是求一个最大的公约数。

- 简洁：具体到文本中，这种寻求共识是怎样形成的？
- 陈楸帆：在我的文本里有很多对技术的描写，其实都是相对比较写实的。包括很多的细节都是有出处的。我会寻求专业人士的确认，他们如果觉得一些说法有问题，不太确切，我会修改，努力使得这些技术性的描写更加准确。

- 简洁：为什么会选择AI作为关注和切入点？
- 陈楸帆：近几年AI肯定是一个热点，但在我看来，很多写AI的作品，要么就落入一种比较浪漫主义的幻想，比如人跟AI谈恋爱；或者就是一种过分悲观的想象，比如AI会变成一种强人工智能，它可能会反过来奴役人类，等等。但其实在科技业界来说，这些都是不切实际的想象。所以我想写的，就是从当下的研究出发，从当下的AI的进展出发，我们去设想未来会发展成什么样，会对人产生一些什么样的影响。都是非常贴近现实，也是近未来很有可能发生的一些事情。

- 简洁：王永刚说，如果我们承认黑暗森林或之类的想象，那人工智能可能是我们对话的唯一的另外一个智慧体。您同意他的说法吗？
- 陈楸帆：我觉得也对，也不对吧。因为到时候，我们肯定是需要AI去做非常多跟外星生命沟通的工作，人类没有办法做到。就包括《降临》这部电影里——我早上还在创新工厂跟他们做AI的工程师和学生交流——我说如果一个外星种族来到地球，那么他们的语言是我们完全无迹可寻的，这时候只有用AI来破译。它需要语言学家的引导，但最后的巨大量级的计算需要AI来完成。而AI也是人类的AI，它是人类设计出来的，身上带有人类的印记，所以根本上还是人类跟外星人的对话。

简洁：所以您并不觉得要遵守《三体》中所说的黑暗森林的守则？

陈楸帆：对，我觉得不一定。

简洁：因为《流浪地球》的成功，科幻作品成为影视化的热门IP。您对影视化的看法是怎样的？

陈楸帆：我觉得这是一个可遇不可求的事情。如果《流浪地球》没有郭帆，那肯定不是现在的《流浪地球》，也不会获得现在这么大的成功。所以影视行业中，导演、编剧、制片人其实都是非常核心的。很难说我有一个什么样的IP，要去找一个什么样合适的人，很多时候需要碰运气。包括现在已有的一些大IP，投了很多钱，找了大明星，找了知名的导演，最后出来的结果还是不尽如人意。这个行业其实没有大家想象的那么简单，很多事需要机缘。一个作品有自己的命运，能不能找到适合的改编者、适合的导演，都是需要时机的，需要很长的时间。我现在越来越觉得，没有必要在时机不成熟的时候去强求一些事情。这样会事倍功半，而且出来的结果未必是好的。心存一个良好的愿望,然后等待事情发生就好了。如果不发生,那就证明时机没有成熟。

简洁:在现在作品影视化红利这么大的情况下,您在写作时会有意识让它更容易影视化,或者说以影视化的思维进行写作吗?

陈楸帆:我现在觉得我是反过来的,我写的东西,很多都是反影视化的,就是特别难影视化。包括影视公司也这么说,我的东西有时候文学性太强了。文学性强的作品,一般都是很难影视化的。

简洁:对于想写科幻,或者是想从事这一行的年轻人,您有什么建议吗?

陈楸帆:不要全职写作,还是找一份能养活自己的工作。然后不要期望从写作这件事上得到多大的回报,把它作为一个爱好去写。有才华总不会被埋没,我是相信这一点。

简洁:关于一万个小时定律,您觉得是真的吗?

陈楸帆:我觉得因人而异,肯定有人花一万小时也做不成什么,有一些人可能不需要花一万小时。关键是他有方法,他要有一个方向感,他要自己去校正自己的方向,他是有目的地去做练习。不是说下死功夫,弄一万个小时,我觉得那就是比较笨的办法。好的办法,就是你每次都需要回顾一下,我到底哪儿进步了，哪儿做得不够好，有目的地去提升自己。

- 简洁：您到现在觉得自己是有才华的吗？或者说对自己的才华有信心吗？
- 陈楸帆：我觉得有，但是没有充分发挥出来，被我的一些其他的东西给束缚住了，是心理的问题吧。我的作品里，很少有关于我自己的事情。其实要写的话，也是有很多可以写，但是我就是过不了那一关，我就不会写。

- 简洁：最后能和我们分享一下您最近看的三本书吗？
- 陈楸帆：第一本是《巴拉巴西成功定律》，巴拉巴西是一个网络科学家，他用数据的方式，去研究不同领域的人成功背后的影响因素什么的，挺有意思和启发的。还有李开复的《AI·未来》。这也是因为工作需要，都已经看过了。最近还有一本，就是特德·姜的《呼吸》。他的作品都非常经典。

后记：当河流汇合，当伏笔显露

再次采访一个人是一件很奇妙的事。你可以清楚地看见在几次采访的时间节点之间，他发生了什么变化，基于上一次采访的认知，再遇见生活轨迹的变化时，往往会有一种观察了一段人生的唏嘘感。

于是
我问我的心

第一次采访陈楸帆是在2015年,他刚从百度辞职去了另一家智能产品企业担任CMO(首席营销官)。这位北大中文系毕业的高材生,在谷歌和百度两家大型企业加起来长达七年的工作经历,使他身上有着很容易就感受到的互联网精英的气息。同时,作为第一个打入美国科幻杂志圈的中国作家,他的作品进入英语市场甚至比刘慈欣的《三体》和郝景芳的《北京折叠》还要更早。在此之前,他已获得包括全球华语科幻星云奖在内的国内外多个奖项,2013年,他获得全球华语科幻星云奖金奖的作品《荒潮》,被刘慈欣称为近未来科幻作品的巅峰之作。

那时的陈楸帆,很符合我心中一个"成功"的模板:作为作家有着业内第一流的成就,而以最世俗的标准来判断,名校、外企、BAT,这些镶着金光的元素在他身上一个也不差。和所写的故事流露出来的暗黑气质不同,他身上迸发着一种昂扬的乐观,是我在当时接触到的文人圈很少看到的。

当时正值微信公众号刚火的时候,周围的人都在一种对于文字价值能迅速变现的震荡之下。有的人文气浮躁,有的人心态浮躁,而陈楸帆身上有一种不受影响的镇定感:他就处在这变化最快的一端,他对这世界变化了如指掌,没有惧怕,没有欣喜,也没有浮躁。

在人群中他也是让人舒适的存在,能迅速地加入话题,不让现场冷场,照顾每个人的情绪。这是成长过程中人格非常健全的人才能做到的,一种很让我羡慕的特质。他身上得来的一切,有学霸似的轻松,就拿当年考上北大中文系来说,并不是他拼命努力有作家梦才考上的，只是听谁一说，觉得北大中文系也还不错就填了。

当年采访陈楸帆给我留下了很深的印象，因为他是我很少见的一种作家类型：那种向上的没有困苦的感觉，摆脱了通常的文人基调。这也许是因为他的梦想的宏大。

他当年掷地有声地说过一句话：别人不相信能实现的才叫梦想。

2017年，我再次采访陈楸帆，和他提起这句话，他说，现在依然这样认为。

但他身上，明显有什么是不同了。当我问起他这几年最大的改变，他的回答是重心向创作上的偏移。

或许是因为几次采访重心的不同，这次在我们聊创作时，他竟然展现了我瞬时就能理解的写作者的沉重：对于题材，对于笔法，对于现时正在创作的内容。我当时的第一感觉是：没有作家在创作的时候是感到轻松的啊。我现在面对的陈楸帆，可能更接近"作家陈楸帆"。

从刘慈欣到韩松，再到《科幻世界》，我们聊了很多上次没聊到的内容。最后我又提起他大学时上的北大中文系，是不是没有上次采访时稀里糊涂就上了的感觉。他一想，还真是。他的专业、工作和写作，在上次时还看似并无联系的几条线，最终奇妙的以这种形态汇合在了一起。"人生还真是一个圈啊。"我们相视一笑。有一种感觉：几年前还没有看到河流的汇合，我现在看到了它们汇集在一起奔向大海。但我依然为曾经看到它的某段支流而感到奇妙。

人生啊,真的是所有伏笔都有目的。我在对这位作家跨越六年的采访和记录中映证了这一点。

迟子建 写作的气韵

迟子建 作家。1964年2月生于黑龙江省漠河县,凭《雾月牛栏》《清水洗尘》和《世界上所有的夜晚》三次获得鲁迅文学奖,长篇小说《额尔古纳河右岸》摘得第七届茅盾文学奖。

迟子建

我们所面对的世界，无论文本内外，都是波澜重重。

夕阳光影下的人，也就有了种种心事。

——迟子建《候鸟的勇敢》

采访过迟子建的人，大概都知道她对笔谈的坚持：因为笔谈更自由，而且能更准确地表达见解。

我采访迟子建时，正值2018年世界杯期间。足球是迟子建堪称朴素的生活中，除了写作和吃之外，广为人知的第三个爱好。年过五十之后，她的写作时间已经调整到白天，不再在晚上写作，"不想再这样熬夜"，但为了看足球，她愿意坚持看凌晨两点的比赛。这次采访，便是她在凌晨熬夜看球之后完成的。

她的微博里，在凌晨关于足球的感慨依然和写作有关："如果一个人的文章写了五分之四的篇幅都是败笔，这篇文章无疑被判了死刑；足球则不一样，它可以十分之九都是败笔，可如果在受伤休息时，一头狮子能觉醒，反败为胜，这篇文章就是华彩，这也是足球的巨大魅力。"这种反差感，大概可以解释足球让她着迷的原因——在写作上，她从来都是极为踏实的人。至今，迟子建仍是中国唯一一位三度获得鲁迅文学奖并同时获得茅盾文学奖的作家。

迟子建在《候鸟的勇敢》的首发会上与作家阿来对谈，谈及自己的写作状态："我可以负责任地告诉大家，我写《候鸟的勇敢》的时候，我的状态是一种很自由、很过瘾、很不忍从里面出来的状态，我希望我以后在写作时也依然能保持这样的状态。"之所以这样说，是因为在写上一本《群山之巅》时，她写病了。因为所面对的题材本身，处理这些人物纠葛的一些问题，包括当时还有一份工作，让她身心俱疲。

而无论是《群山之巅》还是《额尔古纳河右岸》，迟子建从未惧怕过有分量的题材的写作，她的每一部长篇都是大题材。《伪满洲国》写了十四年历史，《额尔古纳河右岸》写了鄂温克这支部落近百年的历史变迁，《白雪乌鸦》写的则是发生在清王朝末年的哈尔滨鼠疫。《伪满洲国》写作资料准备了七八年，写了两年，这个长篇给她最大的启发——作家要不断面对有难度的写作。

值得关注的是，这些长篇，不管题材多么大，写的都是小人物。描写小人物时流露出的情怀与本真，大概是她的小说被评价为精神清冽、内心温暖的原因之一。"即便写到溥仪这样的大人物，我都是用描写小人物的笔法。因为我坚信大人物都有小人物的情怀，而情怀才是一个人本真的东西。"

迟子建的作品辨识度是非常高的。东北的白山黑水，是迟子建笔下作品最鲜明的特质之一。苏童说过，大约没有一个作家的故乡会比迟子建的故乡更先声夺人。如果说白山黑水是辨别迟子建的明线,那内心的那一抹温暖则是识得她文字的暗线。这种温暖隐在苍凉和宏大中,在她的世事观察中。

迟子建新书后记中的一个细节,让我记忆深刻。这部小说写到了多种候鸟,其中的候鸟主人公是一对东方白鹳。迟子建说她初见这种大鸟,是在她爱人去世的前一年夏天——白身黑翅,细腿伶仃,脚掌鲜艳,像一团流浪的云,也像一个幽灵。她跟母亲说起这种鸟儿,母亲说那鸟儿出现后她失去了爱人,可见不是吉祥鸟。"可在我眼里,它的去向如此灿烂,并非不吉,谁最终不是向着夕阳去呢,时间长短而已。因为八九十年,在宇宙的时间中,不过一瞬。"她不仅没有将怨念投向这种大鸟,反而很自然地在书中,将它拉入画框。这是对生命的豁达与温柔。

如此,便能理解她的自述:一个被冷风吹打了半个世纪的人,一个在写作中孤独前行了三十年的人,深知这世界的寒流有多刺骨,也深知这世界的温暖有多辽阔。

温暖和天真有朴素做底色才会动人

简洁:有人评论,"对阅读者来说,迟子建是一个令人放心的作家,也就是说,她不会让人失望,这种信心主要来自她的中短篇小说"。您怎么看待中短篇小说对于您的意义？

迟子建：我是二十世纪八十年代初开始写作的，1989年，作家出版社出版的"文学新星丛书"第六辑，收入了《北极村童话》，我出版的第一本书也是中短篇小说的合集。也就是说，我在八十年代没有碰过长篇小说，对中短篇的热爱和熟悉是从开始就打下了基础。从九十年代初开始，长篇小说才进入我的写作视野，从《树下》开始，我历经了《伪满洲国》《越过云层的晴朗》《额尔古纳河右岸》《白雪乌鸦》《群山之巅》等长篇小说的写作，但在这个过程中，熟悉我作品的读者会发现，我的中短篇小说的写作从未中断过。我出版了八卷中篇编年作品和四卷短篇编年作品，也就是说，中短篇小说的写作占我作品总量的比例很高。我热爱中短篇，是因为有些题材，只有用这种文体表达才更丰沛。而且中短篇小说的写作能够约束作家在文字上不放纵，节制情感，这有利于作家的长期写作。中国很多优秀作家，都是从中短篇小说起家，逐渐过渡到长篇小说的。如果问我中短篇小说对于我的意义，那就是它是我写作的健康早餐，少了这一餐，营养就缺失了。

简洁：精神清冽、内心温暖，被看成是您小说的特质。有读者说每次读迟子建都会带着淡淡的意外，故事中透着一股天真，您的写作是如何保持这种温暖和天真的底色的？

迟子建：温暖和天真，如果没有朴素做底色就不会动人。朴素的情感，以及悲天悯人的情怀，可以让作家匍匐在大地上，背负苦难，也背负阳光。这样的作品接地气，也接云气。

☾ 简洁：《候鸟的勇敢》这本书比较重要的一个特点是"候鸟"的引入。书中的候鸟是可爱的，像候鸟一样只在夏天回到东北避暑的"候鸟人"则并非如此，两者形成了相反的感观，候鸟这个意象对您来说是如何解读的？

☾ 迟子建：从一些读者的反馈看，确实存在你所说的，人们更爱书中的候鸟，而不是候鸟人。而其中那对生死相依的东方白鹳，的确抢镜。人民文学出版社在出版这部书前，为腰封的宣传语，颇费了一番踌躇。一个是"红尘拂面，寒暑来去，所有的翅膀都渴望着飞翔"，另一个则是我提出的"不是所有的翅膀都能飞翔的"，但最终还是用了前者。如果问我对候鸟意向的解读，我会说"不是所有的翅膀都能飞翔的"，这句话埋藏着勇敢，以及悲剧。

☾ 简洁：有人说，正是家乡人才敢说真话，这本书是否也是您"爱之深，责之切"的一种体现？

☾ 迟子建：我从出生到现在，一直在黑龙江生活，当然爱脚下的黑土地，它养育了我。它的冷与暖，与我的生命和写作，休戚相关。爱意味着包容，但不意味着对它的缺点视而不见。一个作家如果不书写人性的复杂性，就是放弃艺术追求，作品就会流于单薄。

于是我问我的心

- 简洁：《候鸟的勇敢》还是熟悉的黑土地和雪的味道，您出身东北，文字也扎根于东北。有评论说，从这一点来看，您与写出《呼兰河传》的萧红并无二致。您认可这种说法吗？
- 迟子建：因为我和萧红都出生在东北，所以有的评论家和读者，就会自然做比较，这很正常。我很崇敬萧红，2010年春天我在香港大学做驻校作家，清明节时，我还带着一瓶红酒去她另一半灵骨的埋葬地——圣士提反女子中学祭奠她，回来后写下《落红萧萧为哪般》。毫无疑问，萧红是中国现代文学史中的传奇性作家，她的《呼兰河传》是绝唱。我身处的时代和我的人生经历，以及个人性情，决定了我所走的文学之路，与萧红是不同的。

- 简洁：您后记中写到，"《候鸟的勇敢》中，无论善良的还是作恶的，无论贫穷的还是富有的，无论衙门里还是庙宇中人，多处于精神迷途之中"。对于精神迷途的出路，您是否想过去寻找一个答案？
- 迟子建：有媒体曾问过我，"不迷"的状态是怎样的？我不假思索脱口而出，一定是法治的、清明的、民主的、自由的。当然，我说的是大环境。从个体来讲，一个不迷途的人，首先是清醒的人，这样的人会充分发掘自己的才华，同时懂得自己的局限，有所敬畏；其次不迷的人是坚毅的人，无论遭遇多少磨难，不会折腰。

- 简洁：您的写作中"死亡叙事"是一大特点，对死亡的关注贯穿始终。这本书也安排了人物的死亡，但在这本书中，动物的死亡反而比人的死亡让人更触动。"死亡"在您作品中起到什么样的作用？可以和我们谈谈您的"生死观"吗？

- 迟子建：我少年时去山上拾柴，见到最多的就是一座座的坟墓，像一个个句号（很多墓主还都是我熟悉的），让我知道生命是有句号的。黑龙江四季分明，冬天过后，万物复苏，生机勃勃。而秋天来了，万物肃杀，一派荒芜。大自然的风云变幻，让我觉得生死平常。山川草木，焕发生机是必然的，死也是必然的，人也如此吧。

眼界和审美可以概括为情怀

- 简洁：写作《候鸟的勇敢》的时候，您的状态是一种"很自由、很过瘾、很不忍从里面出来的状态"。相比起写《群山之巅》时的病倒了，这是否是您最理想的写作状态？如何能保持这样的写作状态？

- 迟子建：《候鸟的勇敢》因为准备充分，所以写得比较从容，这当然是我理想的写作状态。能做比较饱满的艺术表达，而身体状态又比较好，就是最好的文学之旅。写作状态靠"养"，"养"的方式也会依年龄的变化而变化，在此不赘述。

于是
　　我问我的心

- 简洁：据说当年在北师大作家班求学时期，莫言和您是两位最勤奋的作家，每天就是大量读书、写作，据称您每天能写一万字，是这样吗？您如何看待对于作家而言天赋和勤奋的关系？

- 迟子建：我在鲁迅文学院与北师大联办的作家班求学时，确实比较刻苦。每天可写万字所言不虚，但不经常，常态是一天四五千字的量，而现在则是每天两千字。拥有良好的天赋，对作家来说确实很重要，但天赋不是保鲜剂，可以让你长久拥有对艺术的敏感。勤奋当然很重要。王安忆有个说法，说作家在某种程度上跟匠人差不多，其实委婉地说出了勤奋对写作者的重要性。

- 简洁：小说的"气韵"是您写作中常强调的：气韵的生成，与一个作家的眼界和审美，休戚相关。气韵贯穿在字里行间，是作品真正的魂。那些缺乏气韵的作品，纵有惊心动魄的故事，也让人觉得乏味。这种气韵要如何培养？

- 迟子建：这段话确实是我对气韵的理解。在这段话中，我强调了一个作家的眼界和审美，对气韵培养的重要性。眼界和审美，其实也可以概括为情怀。

- 简洁：您说过如果说素材是柴火的话，火种就是形式。找一种恰当的表达方式，对您来说是着力最多的（比如《额尔古纳河右岸》老女人的自述方式）。对于学习写作的人来说，要如何寻到这样的火种？

🐌 迟子建：一个好的戏曲演员要拜师学艺，作家也一样，要多读世界上那些立得住的名著，拜这样的"师"；还有，戏曲演员拜师之后要吊嗓子，作家也一样，不进行大量的写作训练，你就不能找到属于自己的独特"音域"。

🐌 主动地深入生活，不扎堆

🐌 简洁：您不太同意"让作家深入生活"这种说法，您怎么看待作家的写作与生活体验的关系？怎样进入"生活的状态"？

🐌 迟子建：深入生活是没错的，但如果是被动着被驱使"深入生活"，哪谈得上深入，走马观花看看，浮光掠影而已，很难调动作家的激情。所以我主张主动地深入生活，不扎堆，这样获得的写作源泉才是不寻常的。

🐌 简洁：您是目前中国作家中唯一一个获得了三次鲁迅文学奖的作家，也是极少数的同时获得了茅盾文学奖的作家。您说过，把奖项看得过重，或者过于鄙薄奖项，都是缺钙的表现。如今回头看，奖项对您意味着什么？

🐌 迟子建：我第三次获得鲁迅文学奖是2007年，那篇作品是《世界上所有的夜晚》，而获得茅盾文学奖是在2008年，至今都已十年之久。奖颁过就颁过了，如同风，再和煦的风，吹过也就散了，作家面临的写作难度，并不因为你获得了什么奖而烟消云散了。所以这之后我依然不断出发，《群山之巅》《候鸟的勇敢》都是这种出发的作品。

简洁：在《心在千山外》中您写过："我心目中的伟大作品，就是这种经过了现实千万次的'炼狱'，抵达了真正梦想之境的史诗。一个作家要有伟大的胸怀和眼光，这样才能可以有非凡的想象力和洞察力。"可以和我们分享几个这样的作家吗？您平时有什么特别的阅读习惯？

迟子建：我晚上的时间，通常就是阅读。这样的作家太多了，单单说苏联和俄罗斯的文学，我最早喜欢屠格涅夫的作品，其后接触托尔斯泰、陀思妥耶夫斯基、契诃夫、阿斯塔菲耶夫、艾特玛托夫、纳博科夫、蒲宁、帕斯捷尔纳克、拉斯普京、索尔仁尼琴等大师的作品，他们实在太了不起了！俄罗斯西伯利亚与我的生长地隔江相望，所以这些作家笔下的森林和草原，以及活动于其中的人，对我有天然的吸引力。这些作家同他们脚下的土地一样，背负苦难，但理想之光从未泯灭，有一种高贵不屈的气质。

简洁：您五十岁之后就不再熬夜写作了。您会为其他事情熬夜吗？比如您喜欢看足球，最近世界杯有熬夜看球吗？

迟子建：我有个微博，平素不上，一到世界杯，我就跑进那里发些感慨。所以看到有人留言"世界杯把你给炸出来了",我笑了。这两天因为阿根廷的输赢,还有粉丝在我微博斗嘴,很有趣。

- 简洁:最后,想听一下您如何度过理想的一天?
- 迟子建:只要上天赐予你日子,说明你还是人间的生灵,无论好坏,我都感恩,因为每个日子都是日子。

后记:写作是一种治疗方式

每当赶稿的时候,日子都不是那么好过。格雷厄姆·格林《恋情的终结》一书中,法国作家莱昂·布洛伊的卷首语充分地描述了我对痛苦的感知:人的心里有着尚不存在的地方,痛苦会进入这些地方,以使它们能够存在。

格林在小说中描述的痛苦感受,比他卷首引用的句子更具洞察力:"不快乐的感觉要比快乐的感觉容易表达得多。在痛苦之中,我们似乎会觉察到自己的存在。虽然这种存在的表现是一种畸形的自我中心主义:我的这种痛苦是个人的痛苦,而不是别的什么人的神经。"在这种感同身受中,我试图去探知作家的一点真实,揭开一点面纱,就像我每期杂志都在做的功课一样。

文学评论家戴维·洛奇引述艾略特的话,来表达对作家人生和小说之间关联的看法:一个艺术家越完美,那么在他身上,遭受痛苦的感情，与创造作品的理智分离得越完全，他的理智越能彻底地消化和改造那些感情，将其作为自己的素材。这听上去未免让人有些灰心——当你以为的推心置腹变成冷静的技巧分析，作家的私人生活依然遥不可及。

在采访中，我有意无意会避免提起一些吸引眼球的痛苦经历，在普通而全面的人物稿中，也许人物人生的低潮是躲不开的叙事内容，刻意避开反而有不称职的嫌疑，但在我后期以创作为重点的访谈中，作家们的创作内容、方式、思想都比他们不愿提及的私人经历要更加吸引我，当然也有自然而然提及的时候，那时我作为听众，总是想给这份信任以十二分诚恳去倾听。我的采访目的，并非满足窥私的好奇心，也并非为遮掩，而是在这些写出优秀作品的人身上，问出他们创作中最值得留存下来的经验和智慧，于读者有益，于无数写作者有益，当然也会于我这个直接听到答案的人有益。

我是以这样的心去采访迟子建的，也是以这样的心去采访这本书中的每一位作家的。所以，我没有碰触作家的痛苦经历，但我依然得到了这段深深打动我的回答：只要上天赐予你日子，说明你还是人间的生灵，无论好坏，我都感恩，因为每个日子都是日子。

每个日子都是日子，是这样的啊。

就像格林本人所说的：对于一个小说家来说，他的小说是唯一的真实，是他的唯一责任。写作于他是一种治疗方式，"有时我在想，所有那些不写作、不作曲或者不绘画的人们是如何能够设法避免癫狂、忧郁和恐慌的,这些情绪都是人生固有的。"我相信在这一刻,在写下这些文字的同时,我也在被写作治疗着。

邓一光 我只是融于历史的同路人

邓一光 作家。曾获首届鲁迅文学奖中篇小说奖、首届冯牧文学奖、首届郭沫若文学奖、第三届人民文学奖、第二届国家图书奖等奖项。出版小说20余部，代表作有长篇小说《我是太阳》《我是我的神》《人，或所有的士兵》等。

邓一光

对我来说，所谓创作上的转变不是我的目的，

写作一日不停止，我会持续思考，然后决定是否书写；

在我的写作中，只有糟糕或出色的叙事，

没有题材或者风格限制。

——摘自访谈《1941年的香港：战争、人性与文学》

和邓一光老师最早谈到《人，或所有的士兵》这部小说时，是2019年5月。那时我们有一套书请他做主编，而我作为负责人和他一起工作。工作起来的时候，邓一光老师是很严肃的人，对所做的事有非常严格的要求，大到工作意义，小到工作计划的安排，每每让人有一种事先准备不足的惶然感。7月的时候，这本书的编辑给我寄了最先印出的样书，拿到这本756页厚的书时，那种惶然感一下落了地，我真切地看到了一本以他的行事风格完成的著作有着怎样的厚重感——他不仅是这样要求的，而且他也是这样做的。

这部小说讲述了一个关于战俘的故事。1941年12月8日，即日本偷袭珍珠港的几小时后，日军突袭香港。香港守军经过18天的抵抗后宣布投降。中华民国第七战区兵站总监部中尉军需官郁漱石在这场战争中不幸被日军俘虏，在位于燊岛丛林中的D战俘营度过三年零五个月的非人生活。

于是
　　我问我的心

因为细节过于真实，才翻看了几页的我就忍不住问他："这个故事是真实的还是虚构的？""虚构。因为这个故事写在已经被人们涂改过的'历史'背景上。"作家耐人寻味地回答。后来我才知道，为创作这部小说，他从中国第二历史档案馆、英国国家档案局、香港数家图书馆、日本陆军省俘虏管理部等处，翻阅和查证了大量历史资料，细节真实到保卫战每天的天气情况，比如18天战争里哪天起大雾都有当日报纸可查。

这部小说，是一次艰难的写作。不过，作家为最终没有放弃它而欣慰，实际上，它有两次差点被放弃。同时，他对让人进入这样一个题材有顾虑，他对我们一起工作的另一位同事说：如果你是一位年轻母亲，我不建议你看这个故事。这种顾虑，体现的是他对于人的关注中柔软的那一面。

邓一光的一些熟人说，他对孩子、老人和女性有一种特别关爱。而我更认同这本书的责编张春晓所说的，"他对人的怜惜关爱是不分性别、不分年龄的，他关爱的是整个人类，这一点在这本书中有深刻的体现"。邓老师不止一次地提醒我，这部书的进入通道不止一个，它可供讨论的点太多。但他也说，这本书说到底是一本关于"人"的书，人才是首要的。他曾表示："对于这部书，我要做的第一件事情，也是最重要的事情，就是找到这部书要讲述的对象并且和他达成默契关系。在这个故事中，他是那种普通得不能再普通的人。"

我很喜欢一位评论家对邓一光小说的评价："阅读他的小说就好比看到坚硬堤岸下流动的水。"人们首先被堤岸的坚硬所震撼，再被流水的细腻婉转所打动。

邓一光把历史上很多真实人物，包括萧红和张爱玲放进了他的故事里。他考虑的是"人的自我建构"这样在一个国家或民族的知识分子身上"非常重大的叙事内容"，"远不是如今大量文章谈到张爱玲或萧红时，通常聚焦于她们的情感生活，以'遇人不淑'来一语蔽之她们的坎坷身世，如此轻率和简单"。

而在现实中，写这部书之前，邓一光去了港岛的玛丽医院和浅水湾酒店；开始这部小说的创作后，他请一位朋友陪他去广州银河公墓看望萧红。"我没有带鲜花。我不确切知道她是否喜欢我去打扰她。我在墓地前站了一会儿，点了一支香烟放在她面前，退开，在炎热的阳光下坐在一片树荫下，在那儿待了半个小时。"

玛丽医院和浅水湾酒店，最终被他写进了故事里。

我更在意在写作中是否能完成我的写作诉求

- 简洁：您说《人，或所有的士兵》这部书进入的通道不止一个，但人或囚禁是您事先考虑要写的。先决定了写囚禁，然后才为囚禁寻找对应的背景。为什么想写一个关于囚禁的故事？
- 邓一光：我们来到这个世界，在这个世界中生活，一直受到大量有形和无形的束缚。小到想去什么地方、想做什么样的事，大到想成为什么样的人、想改变自我的存在方式和内容，其间都会受到各种条件的约束，很难或无法做到。不光身体受到限制，人们的认知、思想和精神也无所不在地受到文明形态和知识体系的束缚，比如精神领域里的内在世界建构、艺术领域里的情感认知模式同构，等等，所有这些，都被所处的客观环境所限。可以说，人的生命经历研习和经验的获得，是在一种设定的囚禁中度过的，人的一生都是在和上述具体的约束进行着博弈和斗争。这是一对永恒的矛盾。我把这样的矛盾看成是一种囚禁。这是从大的方面讲。作为一本书，这个囚禁会落到一个比较实在的故事上去。

简洁：这部著作在您的创作中处于怎样的地位？

邓一光：对众多具体的写作进行排名不是我的工作。具体的写作行为，是对在生命过程的某一段时间形成的某一些认知和经验构成的艺术归纳，在不同阶段面对不同的题材，很难把生命打散了来做一个量化的衡量。我更在意写作中是否能完成我的诉求，这是我要面对的。我只能这么说，在我写下的十部长篇中，这是最困难的一部。

简洁：在一开始您就计划了要写这么大的体量，以及进行如此复杂的历史考证吗？

邓一光：之前考虑过手中的素材和资源，考虑过要面对的包括哲学、宗教、艺术和美学叙事策略，考虑过结构和语言，考虑过人物和故事的形成，这个一开始就在着手思考，没有想到体量会这么大。有些题材是你无法做出准确判断的冰山。我并不是这段历史中的在场者，我只是进入这个故事以后融于历史，并且与主人公同行的写作者，在建立真实的历史观和同理心的基础之上讲述这个故事，对历史资源的确认和确证，是非常重要的工作。

简洁：您回顾了在最初写作这本书时遇到过的瓶颈和困难，然后中间经历了一些事情后，您明白了自己正在遭遇恐惧。男主角郁漱石发问："你们怕什么？有什么事情会被揭穿，需要遮掩？"您觉得他不光是在反问法官，也是在质问自己。当时您觉得您在害怕的是什么？

邓一光：人类恐惧的内容机制相当复杂，不是简单一两句话就能回答。说一个个人与时代冲突的成因吧。这个故事发生在二战背景中，中国刚刚离开两千多年的封建时代，进入现代社会，无数青年知识分子，他们没有一个不希望国富民强，不希望以身报国，没有一个不希望在一个公平自由的大同社会成就个人希望和梦想。但那个时代，完整意义上的国家并不存在，世道的衰败和外族的侵略让世事动荡不宁，国家的坎坷和不堪与个人命运的凌乱和纠结形成同构，人们处于自我成长与国家和民族的现代性成长双双不得志的极大落差中，那一整代人就是奥维德《变形记》中"puer aeternus"一样的永恒少年，成为精神上不能长大的成年人。这个恐惧有多大？它是整个一代人精神成长不能终结、精神聚合不能完成、精神前途看不到希望、主体不能呈现的恐惧。我的恐惧与主人公的恐惧相同。

非虚构的准确意思就是历史现实的真实

简洁：在写这本书的时候您的资料查证是非常详细的。小说写完之后，您甚至亲自配音和指导剪辑了一部五十分钟的内部纪录片《香港战争》。有人评价说，邓一光不惜借用大量历史材料，使小说陷于真实与虚构之间——这就像汤因比评价《伊利亚特》一样：把它当作历史来读，里面充满了虚构；把它当作文学作品来读，里面充满了历史。对您来说，在写这部作品的时候，非虚构的成分和虚构的成分是如何把握的？您为什么进行这样的安排？

邓一光：在完整意义的文献和人们的记忆中，这段历史已经消失了，人们要看到完全真实的、成系统的这段历史已经变得非常非常困难，这使得故事面对着零碎的、遮蔽的、管制甚至被消灭掉这么一个尴尬的历史资源现状。要完成故事的叙述，必须建立一个包括写作者的我和阐释者的读者都能够确认和确信的叙事机制，仅仅依靠虚构，让故事建立在一段完全不真实的历史上，我的写作一个字的意义都没有。

你问这个问题的时候一定没有想过，人们习惯于用虚构和非虚构这两个概念来做表述，非虚构到底意味着什么。所谓非虚构，它准确的意思就是历史现实的真实，对我来说，写这段故事，我必须重建现实的真实背景，它的工作意义之于故事的成立非常重要，在结构性地还原了历史真实的基础上，我才能开始属于审美的文学叙事：遣构语言、编织情节、塑造人物。

> 简洁：之前与您对谈的一位老师说他特别喜欢萧红，说萧红死在战火中，她死在天地与水之间，这让他永远记住了香港保卫战这场战争。在您的书写中，您用来让读者记住战争的是什么？

> 邓一光：这个说法让我感到非常悲哀。在这场战争中，双方士兵战死数千，而死掉的平民百姓不计其数，他们连数字都没有被统计下来。我书里写到过，战后一家报纸发了一条消息，因为缺粮很多人饿死，有人把死尸从街头拖到家里分解了，肉拿到街上去卖，人们为什么只记得萧红，那么多死了的人，卖人肉和吃人肉的人，他们为什么没人知道？萧红不是因为这场战争死的，她在战争爆发之前就患有重病，耽搁了治疗。她是死于她的整个人生经历，是不断地有着希望，不断地希望破灭，不断地"生"，不断地"死"。所以我觉得，因为萧红死于这场战争而记住了这场战争，其实是既不知道这场战争，也不理解萧红。

于是
　　我问我的心

- 简洁：多角度叙事的创作方式是《人，或所有的士兵》这部小说在艺术创作上的一个鲜明特点，您在选择这种叙事时，对自己完成了怎样的挑战？

- 邓一光：写一个故事，你一定要找到这个故事最好的叙事结构：怎么能让人物被确认、故事被确信？怎么能让人物和故事的呈现丰富而又形成延宕？怎么能让它的表达广阔而生动？这本书采用了庭审结构，是一个审判故事，在主人公郁漱石的讲述之外，九位与主人公及事件在不同程度密切关联的人物作为叙事者出现，形成分层叙事，让故事出现多重主观讲述，在众多叙事者的不同表述中，主人公及事件形成了叙述者和材料相互补充又相互冲突的结构。这个故事相当复杂，如果用传统的单一结构，故事的内在逻辑很难建立，丰富性很难表达出来，所以我尝试用这样的结构来讲述这个故事。我没有觉得有特别大的挑战，只是认为它适合。

阅读的权利不应该被剥夺，也不应该被灌输

- 简洁：您的亲人说有时晚上起来，一睁眼凌晨四点，您工作室的灯亮了。您在一天之中是怎样安排您的写作时间的？

- 邓一光：我没有一贯制的写作习惯，每个阶段不一样，因为每本书的写作内驱和状态不一样。这本书的写作比较困难，

它在很大程度上超越了我的积习和准备，需要更多心智和精神支持。我基本上是早上四五点钟开始，写到中午，下午会带母亲去公园散步，然后回到家里继续写。差不多近一年时间，整个人都沉浸在这个故事当中。

☾ 简洁：最后，可以给读者推荐您喜欢或者最近读过的三本书吗？

☾ 邓一光：我刚读完修昔底德的《伯罗奔尼撒战争史》和平克的《人性中的善良天使》，正在读库恩的《科学革命的结构》。阅读是个人的事，我们并非活在一个阅读资源和渠道匮乏的时代，每个人都应该建立属于自己的阅读机制，这个权利不应被剥夺，所以，请允许我不荐书。

❧ 后记：关于虚构中真实的意义

邓一光老师的采访，从约定到最终完成的时间跨度很长。我们当时因为一套书在一起工作，在知道我同时也在做采访工作的时候，他就谈到了《人，或所有的士兵》这本书，约好了要采访。我对他这本书的写作的信息，不完全是从采访本身得来的，也有在半年多的见面和聊天中了解到的。因为这个特殊的背景，我得以用一个更日常的角度，去观察一个作家对于写作的态度、概念和方法。

于是
　　我问我的心

　　最让我印象深刻的，是他对宏大历史背景和资源的确认和确证——尤其是这种对待历史的严谨，是用在一本虚构的小说中。这种严谨到了什么程度呢？他提到，在书中的细节真实到每天的天气情况都有当日的报纸可查。这个细节让我非常难忘。"必须建立一个包括写作者的我和阐释者的读者都能够确认和确信的叙事机制，仅仅依靠虚构，让故事建立在一段完全不真实的历史上，我的写作一个字的意义都没有。"这种历史真实的确认和确证，对他来说，是写作得以进行的基石。

　　在写稿中，有一段我没有用到，但特别打动我的叙述，是邓一光讲述小说中的桑岛，即D营所在地是怎么来的。这是一个虚构的岛屿，他曾因为不希望破坏掉现实中香港已有几个战俘营这个历史真实背景，打算为故事找到一个现实存在的地方，可是，找遍了香港与深圳之间，没有这样的地方，他因此曾感到绝望，甚至一度认为这个故事可能并不存在。直到他去了大鹏半岛。

　　邓一光这样描述，他在大鹏半岛留宿的那天晚上。"那天月光很好，我坐在一池往下流淌的清水中，脚下就是海，我被身边的一些植物和昆虫吸引了。那些生长在黑云母花岗岩和火山角砾岩上的茂盛植物，它们在月光下泛着奇幻的瓦蓝色，无数光点在它们身上闪耀，它们在那儿生活了超过18000年，拥有不受打扰的生态体系。这个时候，我看到一只漂亮的昆虫，它从黑暗中飞过来，落在一棵皮革质油光水亮的苏铁蕨上。我视力不好，看不清那只昆虫，但有一种感觉，那昆虫有一双很大的眼睛，非常有灵气，它瞪着眼睛看我，透明的双翼微微扇动着，似乎在对我说着什么。那一刻,我知道我要做什么了。"

桑岛这个虚拟的场景,就是在这样梦幻又真实的感受下诞生的。如作家自己所言:"故事中,存在是通过人物的知觉和主观确认完成的,……至于桑岛是什么,有什么,人们能看到什么,每个读者有自己的看法,而我只做了一件事,确认那只昆虫是草蛉,它与郁漱石的幻觉和梦境有关。"我被这种宏大历史中诞生的幻觉与梦境的描述深深震撼。

即使是在虚构的小说中,历史的真实也举足轻重,被作家作为说服自己和读者完成这个故事的基石,而在这个基石之上,有像这只草蛉一般的连通点,作为连通史料和虚构幻境的魔法石,小说就此产生。我在当时,有被这个梦幻又生动的景象点通的感觉。在写作中,写作者要么困于现实的庞杂不可解脱,要么过于脱离现实无所凭寄,如何打通两者,这样可意会不可言传的感受,我于此触摸到了一点边界。

甘耀明 我觉得故作欢快会比较危险

甘耀明 作家。1972年出生于台湾苗栗。曾获联合报文学奖、吴浊流文学奖、台北书展大奖、红楼梦奖"决审团奖"等文学奖。代表作有《冬将军来的夏天》《邦查女孩》等。

甘耀明

愤怒有两种,一种是滋生力量对抗外来的挫折,

另一种是逆来顺受而没有任何挣扎。

——甘耀明《冬将军来的夏天》

都说痛苦在人的记忆中比快乐要深刻，但在我回忆起读甘耀明《冬将军来的夏天》一书的片段时，印象最深的并不是女主经历的痛苦遭遇，而是祖母和女主一起在树下埋葬松鼠的场景。在女主的童年，祖母温柔地给她上了关于死亡告别的一课，这个场景让我觉得明亮而温暖。回想起2019年时采访甘耀明的过程也是愉快而记忆深刻的，作家态度坦诚而明澈，直面你提出的所有问题，不讳言，不傲慢，谦逊中又带着诚恳，诚恳中又有底气。我想，未来我也想做这样的作家，敢于直面自己的写作，敢于直面自己的不擅长，敢于坦荡地谈论自己的困惑和思考。

《冬将军来的夏天》大概是2019年最受关注和争议的书之一。"我被强暴的前三天，死去的祖母回来找我。"小说以此开头。曾被莫言评为"如此文笔可惊天"的甘耀明，在这本以女性第一视角来撰写的小说中的写法，依然震撼人心。由于大陆引进方与《房思琪的初恋乐园》为同一出版方，这本书在大陆的营销

于是   我问我的心

打上了"《房思琪的初恋乐园》姐妹篇"标签,也因此引发了颇多争议。

"这本书的出版时间和《房思琪的初恋乐园》差不多,但是它们是不一样的书,关于内地的营销语他们也没问我,我也没有办法去干涉。"对于争议,甘耀明这样回答,"如果是真正受到伤害的女性来写,不会这样写。"对于在书写过程中要克服的男性意识,他也毫不讳言。

- 简洁:书名中"冬将军"这个意象是祖母讲述的故事里提到的,可否和我们说一下"冬将军"的故事与意象的意义以及它与全书的关系?
- 甘耀明:我接触这名词,是从日系钢笔墨水得知,设计者给冷铁色墨水,冠上"冬将军"之名。我喜欢这词,为此自创了传说,使用在小说中。故事描述德、苏战火中,莫斯科城的祖父为了救孙子而被敌军活捉,无能为力地站在大雪中,无意间使得德军撤退。他击败了德军,然而有没有救了他最爱的孙子?不得而知,我只是将故事暂停在最美的场景。这传说与我的小说情节有几分贴合,彼此牵引。我想这符合《冬将军来的夏天》这本书的寓意,能力受到考验,生命有其无奈。

- 简洁：您有没有意识到处于核心地位的冬将军的故事中，"冬将军"其实是个男性这件事情？
- 甘耀明：我倒是没有意识到。可能我的理解是战争都是男人的游戏，所以赋予了男性的角色，人类史上战争都与男性有关。

- 简洁：您决定用女性第一人称视角来写这本书，这对男作者而言通常是比较困难的，您为什么会做出这个创作上的选择？
- 甘耀明：我想接受一次挑战，至于这次挑战是失败的还是成功的，先不去想。我认为一个作家一辈子如果要保持战斗力的话，就要面对各种题材，有些题材可能没有办法完全熟练地掌握，但对一个作家来讲，它是值得去挑战的。所以才会有这样的想法。

- 简洁：在书写女性形象时，您遇到的最大困难是性别吗？您在创作中会有意克服自己的"男性意识"吗？
- 甘耀明：我写《邦查女孩》中的女主角，我觉得顶多可能被批评不太会写爱情。但是写《冬将军来的夏天》最难克服的是由男性角度来写女性被强暴的感受。这种性伤害以散文的形式被人写出来，那是一种人生被活生生打入螺丝钉的痛苦。在书写过程中，我一定得克服男性意识，这是必然的。

于是
　　我问我的心

- 简洁：您对自己完成的这部女性视角下的作品满意吗？
- 甘耀明：我觉得不满意。我想，以男性视角去叙写她们的视角，没有办法完全去关注到女性的社会地位。我不觉得这是一条鸿沟，我们作为书写者可以大胆去跨越，对我来讲，即便是这样的一个议题，把它扩张的话，意义在于理解我们不一样的生活，这充满了挑战性。

- 简洁：有作者曾说过，在创作时要避免想当然地去代表女性发声，您在创作的时候对自己有类似的要求吗？
- 甘耀明：我讲一个"入戏"的概念。比如歌仔戏，是女性来演男性，相对地，我们男性也有一些方式详细地、全方位去了解我们笔下的女性。但是对我们来讲，也有一个难以跨越的障碍——我们再怎么想，也不会去达到一个理想的体验境界，这是最难的。即便我们颠倒身份去写，我们也体验不到。我认为它原本就有一个束缚，在书写任何题材时这个束缚都会存在，但是在书写这个事件议题里，这个束缚会被放大来解释。

- 简洁：您提到过这本书台版的编辑最开始提出了一些修订意见，具体有哪些？
- 甘耀明：一个作家在完成作品之后，是不太可能再去修改的，除非是做一个专业的修订。往往一本小说完成就完成了，送给编辑，编辑也不太会给意见，即使有意见他们也不太敢讲。我跟总编辑说,希望从女性的角度去看,单个女生的生命故事以及受到伤害时她内心有什么想法。总编辑给了我关于这些的意见,我尝试在其他地方更丰富一点,比起原来的版本,修改后的版本在女性来看会有比较多的共鸣。还有对于女性受到侵害的时候,这本书关于法庭的内容必须有更加专业的人来看,最后请了律师来给出意见。

简洁:您最初写作时安排的就是祖母来治愈女主角的主线吗?

甘耀明:对,我当时的安排就是这样子的。一个少女受到了伤害——后来我用了性伤害——不管是受到什么伤害,它永远是存在的。当你受到伤害时,你的生命不被理解的时候,你会怎么治愈,怎么寻求帮助,我觉得值得玩味的是女主角和她祖母的互动,她在她的祖母身上找到了支援,这个支援就是在她遭遇痛苦后,或者遭遇司法的不公正后,她怎么去面对她受到的伤害。我觉得面对伤害,并且认可伤害是一件非常难的事,即便你在司法上得到了公正的结果,但那个伤害依旧会存在。我想要表达的就是,当你受到伤害的时候,你是怎样治愈这个伤害的。

简洁:您提到真正受到伤害的女性是不会以这样的方式来写这样的故事的。

甘耀明:没错,如果我受到伤害我不会写成这样子,我写纪实不就好了,我干吗去虚构一个故事,因为真实会有更大的控诉的力量。但是在这个小说里面，我的用意就是在伤害的背后你怎么治愈，我觉得这是走出阴霾最重要的那一步。性伤害这个议题可以转换成经常受到的暴力、不公平的对待，这些在任何人的身上都会有。

☪ 简洁：您认为男作者对笔下的女性人物是否存在支配的权威？
☪ **甘耀明**：其实对任何的角色都是用支配的方式，作者必定会做这样的工作。最开始写的时候，脑海里出现的都是我们最初的想法。但任何一个角色，最后都会成长为他该有的样子。这个样貌其实跟原先我们所要求的那个角色就不太一样了。当我们书写到后面时，角色会有自己的思想和想法。比如说我在写女性的时候，我会去想女性看到这样的一个议题的时候，会不会有不舒服的地方，因为这一部分不舒服，代表我们可能是在书写一个失败的角色。但越到后面的书写，这种束缚会越小一点。我可能要去看看角色和人物，我们会不会有太多男性的思维去干涉她，这其实是我常常要告诉自己的。

☪ 简洁：在《冬将军来的夏天》这本书中，男性都是以反例出现的，而女性会以更加明亮的形象出现。这种安排是您特意设定的吗？
☪ **甘耀明**：我觉得明亮只是我们看到的一个角度。事实上，在小说里面的六个老年女性，她们其实都有一个不好的过去，这个过去促成了她们最后选择在一起,在同一条船上。但是,我写了太明亮的部分,所以读者会比较容易看到明亮,但事实上生命当中比较阴暗的部分我也在着力的。

- 简洁:整本书明亮和阴暗有明显的交替,您有没有想过写一部全篇都很明亮的作品?
- 甘耀明:我大概写不出来。我觉得故作欢快会比较危险。但如果真的是一个很明亮的故事,如果我也接受它的温度,我也会去写。这样的话我们在读它时可能会觉得幽默、快乐。但我觉得在我的小说里,我最终还是要表达出对写故事的兴趣。

后记:理解与隔阂

2019年我做了一期专题,讲"男作家和他笔下的女性角色"。最初这个命题是因为看到甘耀明的《冬将军来的夏天》在豆瓣引起的争议,被打上了"房思琪姐妹篇"的宣传语后,引起了读者的愤怒情绪。一位男作者到底在多大程度上可以真正理解女性,和女性达成同理心,而不只是把女性的痛苦遭遇当成是写作素材?我不由想探寻这个话题的答案。

开始落实这个专题时,我发现一个有趣的现象,如果问"擅长写女性的男作者"有哪些,大家通常都会有答案,比如毕飞宇、苏童、弋舟。但百度上"擅长写男性的女作家"的搜索结果是零。我想，一方面是因为擅长写女性的男作家本来就是少到让人关注的一个现象；另一方面，占领了社会主导地位的男性也并不在意女性作家能否理解男性，不需要她们的同理心来达成什么改变。

在本来就很少的擅长写女性的男作家的候选人中，我选择了一个更狭小的范围：以女性第一人称来写作的男作家。这样能找出的男作家就真的非常少了，而甘耀明的《冬将军来的夏天》刚好是这样的作品。很多男作家承认自己无法跨越性别障碍来写作。而有些男作家，则直接承认自己描写的女性是男性视角下的女性，而不是女性本身。

说实话，因为一些先入为主的宣传，我对《冬将军来的夏天》最初的观感并不是很好。"我被强暴的前三天，死去的祖母回来找我。"这是这本书据说"震慑人心"的开头。房思琪一句"那天，我隔着老师的肩头，看着天花板起伏像海哭"便让人心痛得要死过去，是隐晦到连相关的字都不愿提及，待人回味过来又愤怒又心酸。《冬将军来的夏天》这样直白地写出来，博人眼球也好，震慑人心也罢，这无论如何不是另一个房思琪。我在心中暗下结论。

然而，采访的时候，甘耀明的坦诚让我意外。他对营销的自作主张，只是寥寥数语带过，并没有太多受到批判的委屈。他坦然承认，自己这次以女性第一人称写作的尝试在自己看来并不是很成功，但他依然不后悔这次挑战。最让我震动的是，他自己主动提及："如果是真正受到伤害的女性来写，不会这样写。"

小说中有一个关于月经杯的情节，让我很不适，我问了他这个细节，他说他问了自己的太太，也说不太喜欢这个情节，但他还是坚持用了。我想，感受不到这种微妙的不适，大概就是男作家与女性之间的隔阂吧。但在这稀有的理解前，我不愿过多展现这样的隔阂。我非常高兴，这一年我做了一期这样的专题，而我更希望的是，未来女性的处境也能改善到不在意另一方是否理解自己的一天。建立理解和打破隔阂，都是在创作中所需要的过程。

韩松落　被叙述的人

韩松落　作家、影评人。1970年代生，祖籍湖南，在新疆出生，生长于西北。代表作有《为了报仇看电影》《窃美记》《怒河春醒》《我们的她们》《老灵魂》《我口袋里的星辰如沙砾》等。

韩松落

我一直用小说化的方式来写散文，固然是我的小说力比较多没个地方发散，也是因为这种隔膜，这种对异域的隔膜。我不确定它是不是存在过，就只有把它变得陌生，把自己变成被叙述的人，以说明我的不确定，以确保我的诚实。

——韩松落《怒河春醒》

最初知道韩松落，我还在前一家杂志社当编辑，那时收到过一篇读者投稿，是韩松落《怒河春醒》的书评。虽然书评最后没有刊登，但却在我心里留下了这本书和作者的名字。

那本书的序言里，韩松落这样描写西北农场的春天："石蒜兰、蒲公英、火绒草一起开花，云低低地垂在空中，像是银子的制品，走在旷野里，隐隐听见什么地方有轰轰的声音，水声，或者雷声。还有秋天，一种红紫的矮草覆盖满山坡，根须苍劲结实，叶子蜷曲着，开着小花，或者小小的穗子。许多许多，几千几万几亿棵，充满柔情地覆盖在柔缓的山坡上。"如果阅读时有背景图的话，那每每阅读韩松落时，我内心的背景图应该就是这样的。因为有这样一张自然风景般的背景图，无论看他写时评、写影评、写明星，我都觉得会有旷野上风吹过草地的味道。后来才知道，韩松落这个名字是笔名，"松落"两字，出自蒲松龄《聊斋志异》自序："松落落秋萤之火，魑魅争光；逐逐野马之尘，魍魉见笑。"韩松落代表的意象，从名字到文章到气质，都是统一而立体的，也因此难忘而且独特。

距采访韩松落有一段时间了，但对话在记忆里还很清晰，因为当时讨论的是我很关心的写作的话题：如何用成人视角写童年，如何找到自己精神血统上接近的作家。第一个问题我问过好几个作家，在这些回答中，韩松落的答案最直接、坦诚，没有溯源文学史，没有讲繁复的写作技巧，但能让人触到实质。

韩松落曾这样说自己写散文的方式："我一直用小说化的方式来写散文……我不确定它是不是存在过，就只有把它变得陌生，把自己变成被叙述的人，以说明我的不确定，以确保我的诚实。"这种面对不确定的诚实和叙述方式，大概是我想再次复习这次谈话的原因。

◎ **简洁**：您2017年出版了《我口袋里的星辰如沙砾》，这是您第一次出青春主题的书，这本书是您年轻时的文章集，现在来出版这样一个主题的书对您来说有什么意义吗？

◎ **韩松落**：我觉得更多的是告别吧。其实里面的文章断断续续写了二十年，最早的一篇《草地之歌》是十九岁写的，最晚的一篇《我是怎样没有成一个歌手》，中间跨度二十二年。

写的时候也是没有目的的，并没有想将来要成为一个什么主题。但回头整理的时候，就有意把成长、青春这样的文章放在了一起。而且在书里埋了两条线，一条是时间线，一条是地理的线索。把这些文章选出来，并且用这样的方式编排的原因是，我想做一个比较忠实的记录，对过去进行一个概括。之所以这样记录，就是想着可以告别了。

- 简洁：您是什么时候开始写作的？
- 韩松落：十四五岁就在写诗了。真正开始发表是在二十岁的时候。

- 简洁：您写童年的文章有一个特点，是以成人视角写童年，看问题的深度、描述问题的状态都是比较成人式的，要怎样才能达到有深度地写童年呢？
- 韩松落：因为写那些故事的时候，我也十九岁了，已经是成年了。再加上后面的一些篇目，基本都是二十多岁以后写的。所以在这个年龄段，拿这个年龄的一些经验和视角去看童年肯定是不一样的。而且我们所谓"70后"那代人，虽然已经不是在历史现场的那代人，但是还是有这么一种惯性，觉得有义务把那个时代写下来，就算只是写童年的故事，也不能只有玩乐。总是怀着我一定要把那个时代的气氛写出来的想法，所以有意加了一些当时的内容。

于是
> 我问我的心

- 简洁：书中您记录了一个关于女疯子简买丽的故事，她在那个年代装疯了这么多年，最后并没有逃脱出去。这个故事打动您的是什么？
- 韩松落：在那个地方想逃是不可能逃的。但是她为什么要装疯，就是因为她其实是想在心灵上获得一个自由。她其实就等于用装疯的行为宣布跟你们没关系了，我不搭理你们了，我疯了。

- 简洁：您说之后凡是看到疯子都感觉像她，您同情她吗？
- 韩松落：这可能只是一种文学化的描述吧，并不是真的不同情，而是她的这种存在给了我一种错觉，觉得所有的疯子都是假的。

- 简洁：您在序言里提到了您心驰神往的两个故事，一个是刘慈欣的《乡村教师》，一个是今敏的《千年女优》。
- 韩松落：是的。我在2000年前后就读到刘慈欣的东西了，那时候文学网站就已经有他的小说了。因为我是写影评的，今敏的电影也是老早就看到了，没有刻意要用这些来吸引年轻人，因为我们同代人的阅读、观影经验大概就是这个样子，正好这两个故事里的这些元素，这种对时间、空间的处理正中我下怀。很多时候我想到人生场景的对照，就会想起刘慈欣的《乡村教师》，这里面有一种场景，对照特别鲜明，像小窑洞和太空船之间那种对照，我在很多时候都会想起来。有时你置身于一些高大上的场合中也会想起这一点。还有《千年女优》它那种时空的处理办法，我也觉得非常有意思。

- 简洁：可以和我们介绍一下您的阅读经历吗？
- 韩松落：最早留下印象的，首先是三毛、琼瑶、席慕蓉的作品。再晚一点，开始比较严肃的阅读大概是十四五岁的时候，就开始读余华、苏童、林白、迟子建、张炜等作家的作品。十八九岁时，开始读西方作品，像《白鲸》《草叶集》，像美国一些南方作家基本上都是在十八九岁的时候读到的。

- 简洁：您心中有没有木心说的那种精神上比较接近的作家？
- 韩松落：我觉得特别亲近的就是美国的作家，尤其是美国南方的一些作家，像卡森·麦卡勒森、惠特曼、爱伦坡，洛夫克拉夫特——尽管他是写恐怖小说的，气质上还是很接近的，还有赫尔曼·梅尔维尔——他不能算南方作家。我对欧洲的作家没有那么多的亲近感。

- 简洁：这种亲近感是从哪里来的呢？
- 韩松落：美国那个年代的作家，大部分是新大陆的移民的后代，那个时候的人要么生活在自然环境里，要么就生活在很小的城市或镇子上，跟自然有密切的关系。欧洲作家则不是，很多作家已经离田园很远了……他们的情感和我是有隔阂的。而我正好一直在西北，西北就是一个这样的地方，人和自然很近，所以我读他们的作品会感到非常亲近，到现在我也非常喜欢美国自然文学领域的作家，像亨利·贝斯顿。

◎ 简洁：这些作品与您少年时代的经历会比较符合。
◎ 韩松落：对。因为我一直是在新疆、甘肃这些地方来来去去的，周围出门可能走几步就是大片的草地和山。

◎ 简洁：有评论说您就算写热点和娱评，也跟别人不一样，比如热点会被写成一种有悲凉感的文章，您在写作的时候是如何找角度的？
◎ 韩松落：也没刻意地找，首先，我的环境让我远离了大部分圈子，当人一扎堆，慢慢形成圈子以后，这种观点、气质、谈吐都会越来越像，可能我在这方面离他们比较远，所以想法天然就有一点不一样。他们关心的东西我一点都不关心，他们看重的东西我并不看重，这是一方面。另外一方面，既然是写这种文章，娱乐电影大家都在写，大家都有看法，那我就希望从里面能够有一些特别的东西带出来，否则你就和别人没什么差别了，那在这个过程中，我一方面没有刻意地掌握，本来就是这样；另一方面我也在想怎么和他们不一样，怎么样找到新的看待事情的角度。

韩松落

❦ 后记：故乡、童年与文学上的精神血统

采访韩松落的那段时间，我刚好从时尚杂志跳槽到一家读书类杂志，采访的对象从明星和名人转为作家和艺术家，采访稿从要求挖出人的内心转为与采访人物谈创作。我一边享受着这种改变，一边懵懵懂懂地觉得，我自己的创作也会受到一定的改变。

你想写的是什么？这个问题大概是每个作者都会被问及的。我很羡慕那些对写作内容有清晰又坚定的想法的作者，因为于我，写作的内容更多的是缘于本能而非规划。

从忙碌的杂志工作中喘气出来的时候，我可以写些什么呢？我在读木心《文学回忆录》时有些许明白，首先找到自己的"精神血统"："书里有许多大人物，文学、思想、艺术家，等等。在那么多人物中间，要找你们自己的亲人，找精神上的血统。这是安身立命、成功成就的依托。每个人的来龙去脉是不一样的，血统也不一样。在你一生中，尤其是年轻时，要在书中的大人物里，找亲属，找精神源流上的精神血统。找不到，一生茫然；找到后，用之不尽，'为有源头活水来'。"

而精神血统从哪里去找呢？我当时有一个不确定的猜想，是从童年与故乡中去找。这一点说起来不难，但只有一个模糊的方向。

说来也巧，有一本时尚杂志约我采访明星，刚好给我寄来的样刊里有韩松落采访赵丽颖的文章。我看到他的童年、故乡，是如何在他的散文中蔓延生长，又是如何在阅读中与美国自然文学的部分相连，在以稿费为生的时代，又是如何保留自己的创作的

精神之地。可以说，他给我展示了一个人的童年如何与自己的精神血统相连。

每次回想起这次谈话，我都会再把这些思考重复一遍：我想写的是什么，我能写的又是什么。

蒋晓云　把故事讲完

蒋晓云　1954年出生于台北，祖籍湖南岳阳。现旅居美国。1975年发表处女作《随缘》，1976年起连续三度荣获联合报小说奖。1980年后赴美留学，从事计算机行业，成为美国硅谷企业高管，停笔30年。2011年春天以长篇小说《桃花井》复出，后出版小说集《掉伞天》《百年好合》《四季红》，散文集《云淡风轻近午天》等。

蒋晓云

人人羡慕她命好,不知道诀窍就是心淡。

"心淡"说起来容易,

可是人生要不经历些事先把心练狠,哪儿就能淡得了?

——蒋晓云《百年好合》

2015年的时候,为了采访蒋晓云,我看了《百年好合》。

开头说,少年时对感觉不可能的事,会跟朋友赌气一样说,"那你就等个一百年吧"。

在我少年时,好像没有这样负气的说法。一百年的概念,是拉钩时的承诺,是法律条约里的茫茫归期。但蒋晓云好像特别不惧怕面对这漫长的时间,无论是她耐心地让笔下人物度过漫漫人生,还是她可以离开文坛三十年去"赚生活费",再回来提笔写作。

书的开头,过生日的女主角就已经一百岁了。写出来的却还是伶伶俐俐的少女心,如何管家,如何备嫁,如何遇良人,如何过百岁。

蒋晓云轻易便讲了一百年,讲的不只是一个人,还有家族旁支,恩恩怨怨。她还喜欢把上一个故事中的配角拉出来,再延出一个圆满的故事。不一定让人喜爱,但却让人理解。

把故事讲完也是需要勇气的。蒋晓云就有把故事讲完的劲头，她笔下的人物，很少有最后让人心塞的结局，在无数个悲剧的结点中，撑下去，再走一程，再走一程，好像前面就有光亮了。王安忆说：蒋晓云能将事情坚持到最后，倒不一定是有大团圆等着，而是水落石出。读她的小说就过瘾在这一点，她不会让期待落空。

有期待，就有希望，有希望，就不惧探望未来。不管什么时候回顾时，都是如此。

有人评价蒋晓云的一生可以用两个字来概括：好命。

出身于书香门第，年少成名，二十岁出头就在台湾文坛崭露头角，和朱天文、朱天心差不多同时期登上文坛。夏志清评价蒋晓云："不只是天才，更是写小说的全才。"

而在二十六岁时，她毅然选择去美国转投计算机行业，一停笔就是三十年，一路做到硅谷高管。

她说："你有了新生活，就会聚焦在生活上面。出国、学新东西，都是需要全神贯注的。我做一件事，要么不做，要么就把它做好。我不喜欢半吊子。"

蒋晓云却否认自己"好命"，在对她的采访中，感受到的是女强人式的利落和强韧。在她的故事里，每个人都不是永远的主角或配角，不管在别人故事里如何平凡的人，在自己的故事里都有闪光之处。

蒋晓云

"命好"与否是相对的

- 简洁：很多人都说蒋晓云命好，您自己怎么看？
- 蒋晓云：我出生在一个流落异乡的家庭里。我在青年时期也离乡背井到国外生活，和另一个像我一样，只带了一只皮箱就到美国去的学生组成了新移民家庭，一切从无到有。可是身体健康，头脑不笨，人生没有发生我父母亲那一代人因为战争而产生的变数，努力得到回报，一切按部就班，确实也算命好。所以命好与否是相对的。

- 简洁：您这次复出，很多读者会好奇您三十年前停笔的原因。您曾提过，上次停笔之前有两件太辛苦的事，一是找编辑要稿费被指贪心，二是一次和林青霞一起参加宴会，觉得一个新出来的作家不如新出来的明星。
- 蒋晓云：找编辑要稿费被指贪心，的确让年轻的我不大开心，可是现在回想一下，当时的作者崇尚清高，特别讲究身段，一个大学生拿到高额奖金后不知足，还理直气壮地索取稿费，可能确实不符合当时文艺界的礼仪。林青霞那件事则纯属开玩笑，她和我同年，我还是个大学生的时候，她已经是大明星了，那天宴会中更是众星拱月，明艳不可方物，和去蹭顿饭的穷学生完全没有可比性。我很希望看到这则逸闻的读者多关注一下此中幽默，少考证一点历史和动机。

◎ 简洁：您之前说过，自己最厉害的地方是不顾名利。三十年前说走就走，没有回头，也不觉得遗憾。现在也是这样，生活比较从容，不会去取悦谁。要实现这种生活态度，是否要比平常人付出得更多？

◎ 蒋晓云：无欲则刚。过得从容，付出不必比平常更多，想要的倒可以减量。人到无求品自高，精神和物质上都自给自足，想怎么活都成。

◎ 简洁：在美国硅谷的职场中您非常成功，一直做到企业高管，但您说不会写像《杜拉拉升职记》那样的"战斗手册"，因为人这一辈子拿着战斗手册走过来太可笑了。您在职场中没有这种"战斗"的情况吗？

◎ 蒋晓云：回顾过往三十年的高科技职场生涯，尔虞我诈的经验还真"乏善可陈"。在有规模的大企业任职，我感觉大家都有专业领域，也都遵从工作伦理，升迁并没有太多的戏剧性。职场小说里的高富帅霸道总裁，说谎玩手段的小人同僚，反败为胜的傻白甜，基本我都没有遇见过。依据个人经验，升迁最重要的还是实力、努力和机会。当然，我的见识有限，可是仔细回想我所知道的硅谷大咖，即使风评不佳、人缘忒差，也基本是比你我聪明又好运，极有领袖魅力的人。靠"战斗"或者"手册"上位的,我一个也没见过。

人要学习面对自己的命运

- 简洁:您写过很多女性的一生,她们在面对命运时有自己的态度和坚持,在您看来,对女性而言,您最欣赏的品质是什么?
- 蒋晓云:民国素人志书里最年轻的女主角离清朝也只有三十八年,可以说是"去古未远"。她们的时代新旧交替,有的人缠过足,好几个根本不识字;可是也有力图挣脱封建、精通数国外语、崇尚洋气的新女性。这些书中人物面对命运的时候,会受限于自身的环境、资源和际遇,她们的"特质"反而只是时代洪流下的一个变数;比如在最糟的情况下,有的人是宁死不屈,有的人的个性选择好死不如赖活。写她们的时候,我只有同情。

- 简洁:您小说中写过"大龄剩女"问题,您觉得对女性来说,应该以什么样的态度来面对这种社会环境?
- 蒋晓云:我的时代比我的母亲、姐姐辈多了很多前途上的选择,现在的适婚年龄女性,比起我那一代的选择更多了。经济起飞会改变社会结构,我自己喜欢顺势而为。个人身处的时代、成长环境和个性,都会影响"大龄剩女"的态度。

> 我对适婚年龄女性的忠告是不要"寄希望于人",唯有"自求"才可能达到"多福"。

简洁:从《桃花井》到《百年好合》,这些故事在年轻读者中很受欢迎,不管时代如何,年轻人关注的问题是否还是有很多共通之处?

蒋晓云:身为作者,很欣慰听到年轻读者喜欢《桃花井》《百年好合》,这是意料之外的惊喜。工业革命之后,人类生活的节奏变快,网络的兴起更让世界变化加速,不但缩小人与人之间的距离,也缩短古与今之间的时间。十几年前"地球是平的"还是一个观念,现在已经成了现实。可是无论外在如何变化,人类的感情却千百年如一,富贵贫贱都逃不过喜怒哀乐。读书人透过阅读来理解身处的环境,学习面对自己的命运,岂止百年共通?把书页换成平板,改变的只是形式,不是本质。

简洁:我注意到您会用一些现代流行语,比如"选秀"等,在解释小说背景时,也对这些现象进行了评价,您还是愿意将现代流行语融入小说中的?

蒋晓云:我手写我口,基本上我的写作就是我这个作者在和读者聊天。有人说我写的像章回小说,有人说我长期旅居美国,写作上使用了英语语法,其实我本人说话大概也就是这个调调。我的语文背景复杂,白话、文言、国语、方言、外语词汇，林林总总已经内化。到了某个点上不使用那个词，就觉得不过瘾、不传神，讲得高大上一些，也可以说是"风格"。

- 简洁：王安忆评价您，能将事情坚持到最后，决不中途退场，读您的小说最过瘾的地方就在于"水落石出"。您笔下的人物，很少有最后让人心塞的结局。您在生活中是否也是一样的乐观主义？
- 蒋晓云：我确实挺乐观，不过也可能是悲观到了极致的反弹。人死如灯灭，古今中外所有的悲欢离合、情仇恩怨，最后都会随着生命回归尘土。想到帝王将相都逃不过同样的结局，人生所有的事情都只是过程，心就宽了。

- 简洁：您说过自己有文学"洁癖"，年轻时也可以选择去卖文为生，但做了三个月就放弃了。最后您选择用三十年的从商换取了写作的自由。在最后，能否对想要走写作这条路的年轻人提一点建议？
- 蒋晓云：写作和唱戏一样，首先要祖师爷赏饭吃，还要运气够好有舞台（管道）发表，如果不想只给亲友看还要有伯乐（读者）捧场。天时、地利、人和都要周全，并不容易。可是如果你年轻，如果你想写，有什么可以拦住你的创作欲呢？

后记：把故事讲完

最初做蒋晓云的采访功课时，有一段她讲自己三十年后重新执笔的感受让我印象最为深刻："三十年后突然发现原来那才是你的初恋，你想要做的事情，所以再回头去做，那种感觉就是非常纯净。停笔前有两件让我觉得写作是太辛苦的事情。一是找编辑要稿费，编辑说我贪心。稿费戋戋之数有什么好贪心的，是我应得的嘛。还有一次参加报社宴会，林青霞也去了，她和我同龄，穿得很漂亮，很多人对她很好，我就觉得一个新出来的作家不如新出来的女明星，我还是回去好好读书吧。"

稿费养活不了自己，这件事在今日依然让人感同身受。我见过很多一边写作一边工作的作家，但像蒋晓云这样决绝地放下笔，去赚了三十多年生活费，再回来面对自己写作初心的作家，我还是第一次遇见。

这样的干脆又决绝，大概是因为她自己所说的：我在文学上有"洁癖"。刚出道的时候，有人找她帮电视周刊写稿子，但她就不想写。她曾经也可以选择去卖文为生，但做了三个月就放弃了。保存了自己文学上"洁癖"的蒋晓云，三十年后，她可以有底气地说："虽然中断了写作，我自认创作时的心态从来不玩票，甚至比很多以写作为晋升阶的同业更珍惜纯文学。"

从蒋晓云文字中能直观地感受到她的这种"珍惜"，那是一种没有一点委屈自己去迁就什么的感觉，但又有一种对待文字的庄重。这样的文字，不论是在三十年前还是三十年后，都是能被留存下来的。

我采访过很多作家,每一位在通往写作自由的路上都有自己特有的经历,但终点都是不变的。蒋晓云的文字,有许多值得学习的写作方法,但最打动我的一个,是王安忆说的:把故事讲完。

不管你的选择是什么,都要有把故事讲完的勇气。那种完完整整,有头有尾,不管中途如何悲喜,都能不害怕结局,绝不戛然而止的能力,或者说,勇气。

李银河　人比自己认为的要自由得多

李银河　社会学家。1952年生于北京。美国匹兹堡大学社会学博士，中国社会科学院社会学所研究员、教授。主要研究领域为家庭婚姻、性别与性。1999年被《亚洲周刊》评为中国50位最具影响力的人物之一。

必须是发生了荣格所说的艺术品与艺术家关系的情境,压抑不住的艺术创作冲动假艺术家之手得以实现、得以宣泄,得以涌流。只要有一点点刻意、一点点焦虑、一点点勉强,就不再值得一做。正如里尔克所言,写作之前必须自问并确认:不写我会死吗?只有答案是肯定的,才写;答案是否定的,就不写。

——李银河《我们都是宇宙中的微尘》

我第一次采访李银河，是在2015年。见到她之前，我一度很紧张。印象中的她常以"女权斗士"的形象出现，言论尺度大，不畏世俗与争论。采访这样一个人物，难度可想而知。

事实却和我想象的不一样。她穿了一件黑色上衣，领口和袖口钩着细细的紫边，下身穿一条紫色花裙。谦和有礼，声音温和，回答问题不紧不慢，即使在谈论性和虐恋这样的话题时，也有着一股文雅气，让人可以坦然地面对这些平日里说起来脸红心跳的内容。

比起以前从文字里认识的李银河，面前的她没有丝毫"斗争"的气息。这种反差，或许如媒体评论所说的，2012年退休后的李银河，从一个性学斗士变成了田园隐者；或许如她自己所说，生活中的她本就是一个敏感羞涩的人；又或许教养和前卫在他们这一代知识分子中，本就不是互相矛盾的存在。

见过李银河，你会明白，她的前卫体现在精神，而不是表象。

于是
　　我问我的心

○ 简洁：2012年从社科院退休之后，您的作品呈现了不一样的内容，从学术研究转变成写小说和散文。退休之后，生活是否也有很大的变化？

○ 李银河：对我来说确实是这样，其实我在退休之前已经开始写了，但是我当时是有罪恶感的。因为写小说不合适，你拿着公家的工资，你得干活，退休后就可以真正做你心里想做的事了。我现在常住威海，威海比北京要安静。人特别少，好像连中等城市都算不上，就是一个非常小的海滨城市，但是干干净净的。门前的那条小路上是过汽车的，但是你每次过马路都碰不上车。

○ 简洁：现在每天的生活是怎么样的？

○ 李银河：我的房子离海边也就走五分钟，从家里出来几百米就到了。我把现在的生活概括为三段：上午写作，下午看书，晚上看电影。

○ 简洁：您有一本书叫《享受人生》，您觉得什么样的生活才能称得上是在享受人生？

○ 李银河：一般来说，人们会世俗地概括这一辈子到底要什么。有的人要钱，要很多很多的钱；有的人要权，要做大官；有的人要出名。实际上这也是社会学在衡量人成功与否的三个最主要的指标，社会实际上是按这三个指标来划分阶层的，你在这三个指标里越靠前，那么你的社会地位就越高。但是在我心目中，它只是一种世俗的目标。在生活中，我最看重的价值有两个，一个是爱，一个是美。

简洁：听上去有些抽象，有没有更具体的标准？

李银河：我有两个非常简单的标准，一个是身体的舒适，一个是精神的愉悦，我觉得这样就好，这是最简单的两个标准，而且人人都能做到。

简洁：长辈们通常认为享受人生是要到一定年龄之后才有资本谈的事，在年轻时更多的是需要努力，据说您在很年轻的时候就有享受人生的想法了，当时长辈是怎么看待您的这种价值观的？

李银河：对，我一直都是写学术专著的，十几二十年前出了一小本散文，书名就是《享受人生》。我妈妈说："哎呀，这个题目不好吧。你怎么能说享受人生呢？"因为在他们老一代的观念里，享乐主义是受批判的，"享受"这个词是个贬义词。所以当时我用这个标题，可能在我妈妈他们那辈人看就相当扎眼。可我一直挺喜欢这个题目的，我觉得它挺能代表我的一个人生观，高度概括地说，我把它叫作"参透之后的乐观主义"。

于是
我问我的心

☙ 简洁：怎么理解这种参透之后的乐观主义？

☙ 李银河：所谓"参透"，就是认识到人生是没有意义的，这个其实挺难的，而且听上去让人难以接受。乐观主义就是说，既然生活是没有意义的，那就是说我可以选择这样过，也可以那样过，所以我选择享受它，享受人生，不是说把欲望都消减下去，而是让它满足，然后追求快乐。我的题目也是这样来的，对人生有一种享受的态度，是一种满足你所有的欲望，然后让生命处于一种快乐的，或者至少是平静的状态。

☙ 简洁：您曾说过，生活态度应该是淡定的，不是急赤白脸的，在世上没有非求不可的人和事。要怎样才能进入这种境界呢？

☙ 李银河：人要想进入淡定的境界，首先要满足起码的生存必需。但在温饱问题解决之后，人活得淡定与否就是一个主观意愿的问题了，就是在生活中你要什么的问题。

在李银河温和有礼的回答中，还是很容易看出她的自我。之前我采访过几位在北京的作家，他们不同程度地提到在北京有混圈子，邀约太多的烦恼，但李银河直言："我没有圈子，我一个圈子都不入。我的写作也像自说自话似的。"

李银河说她特别喜欢蒙田，蒙田说过"如果有可能，我愿意完全自说自话"，她说她也是这样。"我也不明白为什么要混圈子，有什么可混的呀？大家互相提携吗？有时间跟人瞎聊天，还不如自己待着呢。"

但当她的朋友，应该是很不错的体验。

她交朋友，用的是采蜜哲学，她曾写过：朋友最大的功用是令自身感觉温暖。在这冰冷的物质世界，在这人世茫然行走之时，听到一句"保重"，心中不再冰冷，不再茫然，有了些微的热度。

李银河说，冯唐评价一个作家写的东西的好坏就是看能不能让他笑。王小波的《2015》让她笑了五六次。

"那时我正好有一点犯哮喘，我又特别爱哈哈大笑，几乎把我的哮喘勾起来了。"

☙ 简洁：您说过自己没办法接受无趣的生活，王小波是一个以有趣为终生追求的人，这点你们是不是还挺像的？

☙ 李银河：我想当初他之所以选了我，可能也是因为我这人还比较有趣吧。我真的受不了无趣的生活。好比说1988年，我从美国拿了博士回来，然后到了北大，北大要教书，我就受不了。我觉得教书好像就是你备这个课，讲一辈子，我就觉得很无趣。后来我就调到社科院搞研究去了，我每搞一个研究多是有趣的、新的、没见过的事情。

☙ 简洁：但在您年轻的时候，其实被迫过过一段沉重的生活。当时您是怎么忍受下来的？

☙ 李银河：我人生中最困惑的时候，就是二十岁左右的时候。

于是
　　我问我的心

> 我是十七岁到内蒙古生产建设兵团，我们都是干重体力劳动的，然后三年之后我转到农村，到山西农村插队。当时除了干农活之外，没有上大学的可能。当时我们每天干活分成三段，早上刚起来做第一段，然后回来吃早饭再出去干第二段，然后回来吃完中午饭再干第三段。当时我感觉变成了牲口，就是早上回来吃饭，中午回来吃饭加点料，就这种感觉。后来王小波说过一句话，我们这一代人，跟老一代和最年轻的一代相比不同的地方是：我们体验过绝望。我觉得现在的年轻人，再也不用陷入我们那种困境了。

简洁：现在年轻人从上大学选专业，到进入社会找工作时，往往觉得选择需要很多勇气，也面临很多困境，不是那么快就知道自己要的是什么。

李银河：福柯说过一句话，"人比他自己以为的要自由得多"，我觉得这个话真的说得太有意思了，这个话还是我从他众多的访谈录里给发掘出来的。在世间，没有一个人不生活在枷锁之中，被各种各样社会的规则所束缚。这个规矩好像是一个监狱，你以为自己没有自由去选择自己喜欢的生活方式，可是你如果迈一步，迈出这个监狱，那又能怎么样呢？人家也不能把你怎么样。好比说有一个女性，她不想结婚，然后父母老逼她结，那怎么办呢？我能有不结婚的理由吗？我能有自己独身生活的自由吗？一般的人会觉得我没有，我没这自由。可是按照福柯的话，你就这么做了，你就把这一步迈出去，你就不结婚，然后别人也没法把你怎么样，你不就自由了嘛，人实际上比自己以为的要自由。

- 简洁：之前您的自传里讲述了一种采蜜哲学，看书和交友都只取最好的，这是否也可以看成您按自己意志自由生活的一种体现？

- 李银河：我小时候看《怎么办》，这本书号称是革命青年的教科书，也是列宁的枕边书。当时看的时候，我正处于人生三观摸索期的时候，书中塑造了一个人物叫拉赫美托夫，他是一个革命家。他有一段话说，他看那么多书，他只看最好的，因为其他的很多书都是对这个书的诠释，或者说是把它稀释了。你要是看其他的就是浪费了，你就看这最好的。他也说要交友就交最优秀的人，其他的就算了。后来我就把他这个思想概括为采蜜，有点像小蜜蜂就在花朵上采那一点点花粉，回去酿成蜜，我的采蜜哲学也是这样，你在生活中只挑那一点点最精华的东西，其他的就不必了。

- 简洁：对于正在摸索人生观的年轻人，能以您的人生经历，给他们一些建议吗？

- 李银河：我觉得要想办法摸索出一个比较好的世界观、价值观和人生观。二十多岁正处于三观不定的时候，比如我这辈子怎么过，什么是我喜欢的，什么对自己是有意义的、快乐的。要好好地、慎重地、深入地去想这个事。选择自己最有内心冲动去做，最感兴趣的事去做。用这种方式，越早定下来越好。像我，经过摸索之后的人生观就是参透之后的乐观主义。你如果到三四十岁才明白自己想做的事，或真正爱的人，就有点晚了。

◎ 简洁：最后，能给我们的读者推荐三本书吗。
◎ 李银河：推荐的话，还是推荐罗素的《西方哲学史》。当然你这辈子不一定去搞哲学，作为一个普通人也应该知道。还有就是奥勒留的《沉思录》，他是一个罗马皇帝，写得真好，里面有他对人生的一些非常透彻的思考。

◎ 简洁：最后一本推荐王小波的书？
◎ 李银河：哎，对了。推荐王小波全集吧（笑），还是选《黄金时代》，这本他自己也挺喜欢的。

*

2018年11月，我第二次采访李银河，距2015年第一次采访她，时隔三年。

与三年前不同，没有了第一次的忐忑感，只需把自己想要求解和讨论的问题和盘托出，就会得到让你解惑的答案。关于写作，关于人生，关于存在。

◎ 简洁：您在《我们都是宇宙中的微尘》这本书中思考了关于宇宙和人的存在的问题，您是从什么年纪起开始有勇气直视这一真相的？

- 李银河：还是岁数比较大以后吧。年轻的时候也会想这些问题，但是没有太多的时间，因为要忙于工作、恋爱等各种各样的现实生活中的问题。然后到岁数比较大以后就基本上比较出世了，可以自由使用自己的时间，就会比较多地想这些事，写这种感悟类的内容。

- 简洁：对于年轻的读者来说，您建议他们从什么时候开始思考这个问题？
- 李银河：其实我觉得开始得越早越好，因为这种思考本身可以给你增加存在感。俯瞰真的是很重要的，跳出现世，到比较高的地方。俯瞰你自己的生命和你在做的事，然后你才能够开悟。当然你不一定从那么早、那么小就能够得出什么结论来。但如果你连想都不想，那你就永远不会开悟。

- 简洁：您刚才说您年轻时也会有比较多的俗世烦恼，当人被生活中的烦恼挤占的时候，本来觉得自己看透了，但是因为生活中的烦恼太切实了，就又冲淡了这种思考，您觉得应该如何面对这样的反复的状态？
- 李银河：我觉得现实中，像我自己不也是这样吗？现实中有很多事情要应对，要占时间，但如果你没有特别清醒和透彻地想这个问题，如果连生活的意义这些事都从来不想的话，那你的生活能有意义吗？如果这样的话，那这个人生活质量

于是
我问我的心

也不会太高，就是会陷在特别微观的环境和烦恼里头。我觉得有的时候，有宏观视角的话，其实能帮助人摆脱微观的这些烦恼。

简洁：也就是说，这种思考并不是不切实际，它反而是在帮助大家摆脱微观烦恼的一种做法。

李银河：对。有的时候你非常痛苦或非常烦恼的时候，如果你能有一点宏观的视角的话，把生命整个从头到尾想一想，把人在宇宙中的地位想一想的话，它也能帮助你解决和摆脱一点日常的烦恼。

简洁：在书中您说，人在热闹过后仍会有万念俱灰的感觉，往往会失去对一切事物的兴趣。同时书中也提到，人在知道生命真相之后会丧失对一切事物的兴趣。这两种失去兴趣之间有关联吗？

李银河：这我觉得还是在说两回事。一个是说你真正能够觉得一切都无意义，是因为你看到了人的生命很渺小的这样一个事实，这个我觉得是宏观的。那热闹过后万念俱灰的感觉，这热闹是一个尘世间的事情，是微观的，比如说你去参加一个聚会、去跟大家过年啊，很热闹，在那吹吹打打、高高兴兴的，对比前者宏观的思考，这实际上就是在世俗间微观的环境中在做这些事情，有一些表面上的热闹，在这些热闹之后的感受，这是情绪的起落。

☾ 简洁：就像演唱会后人们情绪低落的现象被称为演唱会后遗症，这也算是一种心理现象。

☾ 李银河：对，可能这是一种心理现象吧。就是说你在极度快乐或激动的情绪之后，你会有一种回到了日常的状态，前后对比，也会让人觉得比较失落吧。

☾ 简洁：您说艺术创作只要有一点点刻意、一点点焦虑、一点点勉强就不再值得一做。如果以这样的标准，还能每天都进行写作吗？

☾ 李银河：我主要是在想，写作这件事，如果是刻意的，为了写一篇小说而写一篇小说，或者说我为了写一个杂文，我想把它尽量地写得美，甚至说我要把它写成一个传世的作品，只要是这样的情况下，我觉得就不必写。实际上我这个意思也有点像里尔克。里尔克说过，在写作之前你要问自己，我不写会死吗？如果你要是不写的话不会死，你就不要写。那他这标准更高了是吧？你有强烈的冲动，不写就简直要死掉，这种时候你才该写。我这个标准也是从这儿来的，就是说你绝对不要勉强自己做这件事，我觉得这个跟写论文什么的还不一样，写论文的时候把调查数据整理完，就可以按部就班地写。文学作品，不管是小说还是随笔，一定是有内心冲动的时候你再写。

☾ 简洁：您每天早上自己会写三条格言，然后再挑其中一条写文章。给人感觉是在用特别规律的态度写作，对于每天都要坚持写作的人来说，您上面提到的标准会不会太高了？

李银河：标准是有点太高了。我现在经常觉得写作会进入枯水期，真正能够写的时候也就是那么一段时间吧。尤其是像我这样的，比如我的所有小说只有一个主题就是虐恋，那我现在觉得虐恋已经写得差不多了，内心冲动没有了，就进入枯水期了。所以我就特别羡慕那些有冲动写作的人，因为我知道只要有冲动写作就会很幸福，就会感觉到快乐，当然写得好不好是另说了。

简洁：您讲到人生兴趣点和马斯洛需求五层次时，有"一个人生的兴趣点在写作的人也绝不愿把生命耗费在吃喝玩乐上面"的论断。那么人生的兴趣点是单一的，还是可以跨越多层的？

李银河：马斯洛专门讲了自我实现和高峰体验。他说高峰体验并不仅限于文学家和科学家的高峰体验。他说一个家庭主妇，把她们的家打理得井井有条，做出一桌子美酒佳肴，让家里人都特别高兴，她也可以有高峰体验。这关键是看你的自我是什么。我觉得这一点也不矛盾，要是你的自我正好是想写东西，你就会老觉得时间不够用，就不太愿意把时间浪费在吃或是那些你不太看重的价值上。比如说你同时喜欢写作和美食，那你就平均分配时间。可能我是属于那种对吃无所谓，吃饱了就行了的人，我对美食没什么感觉，所以我就觉得把时间花在吃上是浪费时间。

- 简洁：您在写作的时候会有拖延症吗？
- 李银河：拖延？我从来不拖延，我都是提前。我知道有那么一种人，我在匹兹堡上学的时候，我们有一个同学，就不到最后交稿的一分钟，他是绝对交不出来的，而且我们旁边的同学都得去帮他打字什么的。我可不是，我会非常快。

- 简洁：遇到写作瓶颈的时候您怎么办？
- 李银河：我也从来都不知道什么叫写不出来。我觉得只有值不值得写，就是说你有没有冲动去写的问题，没有写不写得出来的问题。凡是你有话要说的内容，你就像说话一样把它写出来不就完了吗？怎么还会写不出来？写不出来，那一定是这个东西不值得写，在这个题目上你没有冲动要写，那为什么要去写呢？

- 简洁：但是会有完成度的问题，就是一个选题你觉得非常值得写，但是你在完成时的叙述能力有限制，导致写不出来。
- 李银河：其实这个还真是的，关于这点我爸爸教过我一个方法。我爸爸是《人民日报》的资深编辑，也是主要靠写东西为生的，他没怎么教过我什么作文法，但是有一次他跟我说了一个方法，我觉得是受益无穷的。他说你写一个东西的时候，不要老想一下就把它写好，你应该先把脑子里所有能想到的全写出来，把标准先放低一点，不要老想马上出手成章，想一定达到什么标准才能把这个写下来。先都写出来，然后再慢慢改一改，删一删，精炼一下就可以了。我觉得这对我帮助挺大的，所以我写东西很快。

◎ **简洁**：您说您现在的阅读主要是按照兴趣的标准在挑选阅读书目。能和我们分享一下您的阅读经验吗？

◎ **李银河**：其实我从小因为时代的原因，没有经历过像填鸭似的灌输好多知识，一直灌到厌学的程度。我刚上初一的时候就遇上"文化大革命"，剩下的时间全都自己支配了，所以看所有的书都是凭兴趣。有兴趣的才看，没兴趣的不看，看得下去的才看，看不下去就不看。所以我常常会用一个词，就是说这书"看得住看不住"，这书你要看不住的话，你就别硬看，不像那种课堂的学习非得要灌。我就没有经历过这种折磨，我也没这毛病。所以我还是始终保持这个原则，能看得下去的时候，你再看。

✿ 后记：浩瀚与渺小——关于写作的标准

第二次采访李银河时，我正处于创作上的焦虑和工作上的困扰相互交织的时期，有种找不到出口的感觉。我非常庆幸还有采访这件事，可以暂时让我从这种状态中解脱出来。

李银河

李银河在书里反复强调着：人的生命只是银河里的一颗沙砾。

在阅读和准备采访时，我有意识地会跟着她的笔触，"时不时地腾空而起，俯瞰一下宇宙和自己的存在"。这种俯瞰，恰恰是那时的我所最需要的。

我几乎是带着一种寻求救赎的心情开始了采访。提纲里冷静的问题，这时读来仿佛都是我内心的渴望。我们聊生命的渺小，聊热闹之后的寂寥，聊写作的意义，聊人生的意义，聊精神的满足。一字一句，仿佛都是良药，<u>丝丝缕缕地安抚着我当下的痛苦</u>。

李银河说，写作这件事，哪怕有一点点刻意、一点点焦虑、一点点勉强就不再值得一做。如果照这个标准，以我当时焦虑又勉强的状态大概是不能写下什么了——采访前我有这样的自我怀疑。

采访时，我将准备好的问题问完，向她说明我正在写一本散文集，遇到了瓶颈，想请教像这种时候应该怎样继续写作。出乎我意料的是，作为对写作状态要求如此之高的人，却给了我一个非常有可行性的办法：先写出来。

放低标准，先写下来，写在纸上的字才是你下一步的基石。而压力和空白文档，只会让你一无所有，无法向前走。光是写下来这个动作本身，你就已经战胜了眼前对空白文档的畏惧。

经历过这一次之后，我再回看她提出的写作只要有一点点刻意就不值得一做，有了不一样的体验：这应该是写作最舒适的状态。写作既在云端，又需要脚踏实地。真正的大家，不仅能领略在云端的美妙，也能体会在地面上迈出第一步的艰难。所以，不是高高在上而是设身处地，体贴地告诉你一个看似平凡却无比受用的经验。这让我很是感慨。

再想起第一次采访时她告诉我的福柯的话："人比他自己以为的要自由得多。"每个人在自以为艰难的处境下，其实都比自己想象的要自由，只是自己没有意识到。我们无法掌控生活给我们的困难和束缚，但是我们可以掌控自己的应对方式。和写作一样，最重要的往往是最简单的事，比如：提起笔，写下来。其余所有都抛在脑后，你会发现，至少在提笔的这一刻，你获得了无比的轻松。

采访那天晚上，我数次起床，走到窗边，抬头看天空，即使在夜晚灯光这样强的城市，居然仍能看到清楚的星星，甚至能拼凑出几个认识的星座的模样。但即使是这几点星光，好像就足够唤起关于银河的记忆了。说起来，我有生以来只见过一次天边的银河，是在回爷爷的家乡时，坐在祖屋旁，抬头时，看见的是那样璀璨的一条星河，那种震撼到忘记自己存在的感觉，总在我仰望星空时想起。这样的经历，好像有一次就难以忘怀，之后每当想到宇宙与自我时，那些记忆中的星星好像就会把我包裹起来，再次回到那个场景。

而这样观星河的感觉，我好像再次感受到了。生命在宇宙前的渺小感，是对现实烦恼最好的抽离。在痛苦的时候，我见到了天边银河，在难过的时候，不要忘记天边有银河。

林少华　在重复中拈出新意

林少华　翻译家。1952年生于吉林九台，自1989年开始翻译村上春树作品，至今已翻译《挪威的森林》《且听风吟》等四十多部村上春树作品。其余译著还有夏目漱石、芥川龙之介、三岛由纪夫、川端康成等作家的作品。曾于中国暨南大学、日本长崎县立大学任教，2002年于东京大学担任特别研究员，现任中国海洋大学外国语学院教授。

林少华

哪怕再是理应相互理解的对象，哪怕再是爱的对象，而要完完全全窥看别人的心，那也是做不到的。那样追求下去，只能落得自己痛苦。但是，如果那是自己本身的心，只要努力，那么努力多少就应该能窥看多少。因此，说到底，我们所做的，大概是同自己的心巧妙地、真诚地达成妥协。如果真要窥看他人，那么只能深深地、直直地逼视自己。

——村上春树《驾驶我的车》 林少华译

写这本采访集时，我会回去找采访录音或邮件，希望尽可能还原采访原貌。林少华回复我的邮件最后，标注了一行字：2015.4.9采访者简洁。

采访的问答，他是先手写，再敲到电脑上。中间经过几次电话沟通问题，到晚上快十点的时候，他再次联系我，说再改两个错别字。

从2015年起，我采访过不少知名翻译家：林少华、袁筱一、马振骋……他们有一个共同点：坚持笔谈，因为担心口述会有不准确的地方。这大概是做翻译工作带来的严谨习惯。

采访是在《没有女人的男人们》这本书出版之际，林少华翻译了这本小说集其中的一篇。

时隔多年，他终于又翻译了村上春树的作品。在这本书的译后记中，他写道：日本当代作家中，还是翻译村上的作品更能让我格外清晰地听到中文日文相互咬合并开始像齿轮一样转动的惬意声响，更能让我真切地感觉出两种语言在自己笔下转换生成的

于是
我问我的心

实实在在的快感,一如一个老木匠拿起久违的斧头凿子对准散发原木芳香的木板。是的,这就是村上的文体。说夸张些,这样的文体本身即可叩击读者的审美穴位而不屑于依赖故事情节。

不管后期争议如何,这段关于翻译的描述,让我感到了解读语言的快感。在面对将要翻译的书稿时,译者是文字第一现场的审美者,他们斟酌并传递着语言和文体,与写作者需要的素质并无二致,这是我必须将他们的采访也收入这本书的原因。

简洁:您曾说过,"翻译村上春树的作品是我前半生做得不多的有价值也开心的事情"。但在三十多岁第一次翻译《挪威的森林》之前,您的兴趣并不在做翻译?

林少华:当时我从日本留学回来,北京一位研究日本文学的老先生推荐我翻译村上,的确是偶然。坦率地说,翻译村上既成全了我又耽误了我——成全我成为翻译家,并以此浪得一些虚名;同时耽误我成为像样的学者。我原本是想写几本砖头厚的学术专著把周围同事吓个半死的。说实话,对这个改变我不知道应该感到欢欣鼓舞还是气急败坏。说起来,村上文学的一个主题,就是暗示某种偶然性、不确定性以至荒谬性如何导致人生流程的改变,对此我感同身受。

- 简洁：您曾在日本留学，又在1993年和2002年两次赴日本任教，您对这个国家最大的感受是什么？
- 林少华：三次加起来，我有五年的日本生活经历，这里只说一点：我感到日本这个民族，这个国家的表里、内外的巨大割裂性。我接触的一个个日本人基本都是友好的，而由各种媒体构成的整体图像又分明显示对中国人及对中国的戒心以至敌意。这也使我本人在一定程度上陷入撕裂之中：我总体上喜欢一个个具体的日本男女，但对日本这个国家喜欢不起来。

- 简洁：这些年您还翻译了夏目漱石、芥川龙之介、三岛由纪夫、川端康成等人的著作。翻译时的感受有什么不同呢？对翻译来说，遇到一个和自己契合的作家是否特别重要？
- 林少华：我不是专职翻译，翻译这些起因也是别人认为我翻译什么都是村上味儿。我翻译日本作家作品已经七十多本，就拿川端康成来说，翻译出来绝不是村上味儿，他的文字有着强烈的日本传统，也有一些阴柔气息，这两点都与我本人有着比较大的差距。村上则不是一个非常"日本化"的作家，他非常国际化，更易为人所理解。我大体认同村上的价值观，他对事物的观察角度也与我有相通之处，我在本质上也是一个孤独的人。

- 简洁：您曾在后记中谈到失落与寻找，"在这一过程中确认

于是
我问我的心

记忆和自我身份的统一性",如果放到您的一生之中,"失落"和"寻找"的是什么?

⊙ 林少华:我失落的东西很多,都要寻找是找不过来,甚至说不过来的。其中最重要的一项,是我基本失落了中学教育——由于历史原因,我勉强读完初一。这使得我有一种中学情结。每次路过中学,尤其高中门口,我总是别有感触,望着年轻人的身影回想自己那在兵荒马乱中送走的青春,那日出而作日落而息的蹉跎岁月。

⊙ 简洁:经历了几年回乡务农的生活之后,您还是进入了吉大外文系日语专业就读,并于1975年毕业。在那种风雨飘摇的时代,您是如何选定自己人生的方向的?

⊙ 林少华:那时逃离农村不仅是所有下乡知青,也几乎是所有回乡知青的共同渴望。为什么绝大多数人未能逃离,而我逃离了呢?原因固然有很多,但有一个差异可能是决定性的:我始终没有中断看书并因之怀有文学激情。哪怕干活再累,我也会在收工路上望着夕阳出神,晚饭后躺在柴草垛上浮想联翩。而一般农村孩子不至于这样,比我小三岁的弟弟就绝不会这样。他们更关心的是具体现实性的东西。我想,终归是这种文学性激情使我免于沉沦,将我送往人生另一个方向。如果让我总结,我想说的是:在逆境中保持激情。重要的不是做什么,而是对什么持续怀有激情。

这么着,1972年我作为工农兵大学生上了大学。1979年又考取硕士研究生。那期间也并非一帆风顺，但文学性激情使我超越了现实性困难和痛楚。都说如今文学被边缘化了，而在我的青少年时代，文学更是被边缘化的，关键是作为个体的你自己与之处于怎样的关系。在这个意义上，逆向思维很重要，随波逐流不可取。

简洁：您这次翻译中有几句话："无论在任何情况下，知都胜于无知。不管带来多么剧烈的痛苦，都必须知道那个。人只有通过知道才能坚强起来。"您同意这种说法吗？

林少华：就人的好奇心和求知欲来说，"无论在任何情况下，知都胜于无知"这一说法是成立的。但就人生、人性的复杂程度而言，则不尽然。多数人并未坚强到那个程度。我以为，坚强更与信念和使命感有关。事实上，一个缺少信念和使命感的人，脚步是不可能坚定迈向前去的。另外，知亦意味清晰，而在审美感受上，清晰未必总是胜于朦胧，故有月下美人、伞下美人、灯下美人之说。说法未必精确，但有部分道理。有时候，"朦胧等于不知"确实比"清晰等于知"更能给人以审美愉悦。

简洁：在2009年后，由于种种原因，您没能继续翻译村上后续的一些作品。二十年持续做的一件事被打断，但这种打断也让您有了转型，"不是离开翻译就玩不转了"。现在回头看，您是一个害怕自我重复的人吗？

于是
　　我问我的心

◎ 林少华：任何人的人生都有"自我重复"的部分，人不可能完全切断同过去自己的联系而成为自己以外的什么人。重要的是要在重复当中多少拈出点新意。艺术上更要这样。我害怕的是完全没有新意的"自我重复"。幸也罢不幸也罢，在翻译方面，我的正常流程一度被打断，促使我回归学术研究和向创作过渡。尤其创作，写了近五百篇专栏文章。我因此从"鹦鹉学舌"开始"自鸣得意"，当然是让人觉得爽快的人生因素。有得必有失，有失必有得，人生路径总在得失之间。因此，无论在任何情况下，达观都胜于悲观。

◎ 简洁：村上春树的年纪比您还大一些，在《没有女人的男人们》中，您说相比之前，他放弃了"寻找"的努力，在原因中您提到"对于自我疗伤艰巨性和必要性的诉求"，您觉得这种改变和向"自我疗伤"主题原点的回归，是否也是基于人生进入了更成熟阶段的认知？您在翻译时对自己的人生有没有相关的思考？

◎ 林少华：女性如何我无由得知，而作为男人，我深知最深重的痛苦是不能诉说的。换言之，能诉说的痛苦，对于男人都不是最深重的痛苦。因此，所谓"自我治疗"，大约也只能采取半夜独自咬着被角吞声哭泣的形式。而那能在多大程度上达到"自我治疗"的目的是很可怀疑的。年龄越大，越是如此。在这个意义上，说是人生进入更成熟阶段怕也未尝不可。这大概既是村上的认知，又是我在执笔翻译中的理解和切实感受。

- 简洁：《挪威的森林》是您翻译的第一部村上的作品，您说当时在翻译时还"留着一截青春的尾巴"，能够感到原作中的"潇洒和年轻人的锐气"，但现在心情不同，恐怕已经难以表达。这种"不同的心情"具体是指什么？如何看待这种锐气和潇洒的失却？
- 林少华：青春即意味着无所畏惧，意味着潇洒和锐气。而随着年龄的增长，难免越来越循规蹈矩。"不同的心情"主要是指这种变化。具体表现在翻译上，技术上我可能更为老到，但原先敢于冲击原文语法等表层制约而直指深层意韵的魄力和勇气，势必有所弱化。你知道对于艺术——包括文学翻译这种语言艺术——来说，技术永远不是最重要的。

- 简洁：您说过，"不遇到困难的工作，在世界上不存在"。您在工作中遇到的具体的困难是如何解决的？
- 林少华：困难即意味自己的局限性。每个人都有局限性，同时又有天赋和潜力。因此，尽快意识到自己的局限性和天赋所在是非常重要的。就我的外语学习来说，我较早意识到自己口头表达（口语）的局限性，而向多少有些天赋的笔头表达方向发展，加大外语原著的阅读量，最终在文学翻译上胜出。与此同时，适当时候坚信人仍然具有开发潜力也是必要的。例如，即使口头表达原本也不是我的强项，尤其对演讲没有自信。但后来随着名声的扩大，演讲成了无法回避的困难。在这种情况下，我开始让自己执拗地坚信自己一定会成为不错的演讲者，并在每次演讲前彻底熟悉讲稿，有时还独自关门"试讲"。久而久之，这方面的困难不知不觉就消失了，我甚至开始乐此不疲。这也让我明白：人无论到多大年纪都有成长空间，成长可以同年龄无关。

◎ 简洁：您曾形容这是一个"只顾突飞猛进的浮躁的时代"，很多人不阅读、不思考，很多东西被时代漠视。对于现在的年轻人，或说想走翻译这条路的年轻人，您有什么建议？

◎ 林少华：上个周末在中央电视台作为嘉宾参加"2014年中国好书"节目录制时，被问及何以现在的文学译作多不耐读。我答说可能与阅读量有关。老一辈翻译家大多出身书香门第，自幼熟读经史，长成游学海外，正可谓学贯中西。而现在从事文学翻译的人，客观上由于受图像等多媒体的冲击，读书量明显减少。因此，无论语言功力、修辞自觉还是文学悟性、审美灵性都不够到位。说到底，一个人如果不能用中文写出像样的文章，那么基本不大可能搞出像样的翻译——翻译乃是一种特殊的母语写作。

与此相关，前不久在上海外国语大学演讲互动时有学生问我如何提高翻译水平，我问他每天写日记没有？写日记是最基本的母语写作。日记都不写，翻译无从谈起。这些话，不妨视为我对想走翻译这条路的年轻人一点不成熟的建议。

林少华

✿ 后记：那些解释起来太困难的事

村上春树对我而言是很重要的作家，翻译村上春树的译者自然在我心中也有不同地位。最早，上海译文出版社的《且听风吟》《挪威的森林》《世界尽头与冷酷仙境》等村上春树的经典著作，都是和林少华的名字联系在一起的。可以说，早期中国读者认识的村上春树是林少华介绍的，并不为过。

争议是从后期开始的，对于村上春树的"误读"，林少华的观点是："在日本本土，以及西方，读者和评论家从来没有用小资情调和小资读物来评价村上春树的作品。越是被误读的作品越是好的作品，存在误读可能性的作品是丰富的作品，只有一种解读的作品不是好作品。"

对误读的讨论，其实并不是单单指向译者的。更深一层的思考是，我所读到的村上春树如果是误读的话，那我过去喜欢的究竟是村上春树还是被折射之后的村上春树呢？

对我影响最大的村上春树的两部书，是《1Q84》和《没有色彩的多崎作和他的巡礼之年》，这两部书在我二十多岁人生最迷茫的时候，抚慰了我的寂寞并解释了我的疑惑。这两本书并不是林少华所翻译的。但我带着这两本书的问题向他提问时，他对村上春树的理解仍然有让我触动之处。在所谓千人千面的解读中，一定有什么是守恒的。

林少华说，村上文学的一个主题，就是暗示某种偶然性、不确定性以至荒谬性如何导致人生流程的改变。这恰恰是我在

于是
我问我的心

二十五岁辞职换城市时，着迷于《1Q84》的原因。主人公的命运是这样吸引着我，仿佛下一章里就可以找到某种自己命运的答案。

"不管用什么语言，我们人生中都会有解释起来太困难的事。不光是解释给别人听，连解释给自己听也太困难。不管怎样，到了明天各种事情肯定比今天清楚。只要等待就行了。"这是《没有色彩的多崎作和他的巡礼之年》里，对我当时坎坷而迷茫的找工作时期的安抚。而在《没有女人的男人们》中，同样有一段话："无论在任何情况下，知都胜于无知。不管带来多么剧烈的痛苦，都必须知道那个。人只有通过知道才能坚强起来。"仿佛与多崎作遥相呼应，那些解释给别人听和解释给自己听都太困难的事，依然是必须知道和了解的。

对于自我疗伤艰巨性和必要性的诉求，林少华精准地找到了村上春树解答我疑问的所在，虽然在当时我并不能以这样学术化的语言来概括，有时也许还会否认自己有自我疗伤的诉求，但不管译者自己理解如何，是否赞同，他传递的村上春树吸引我的特质，并没有偏差。

有时差异性容易引起关注，但共同点往往更加稳定而触及核心。在对核心不断探索、挖深、一以贯之的思考过程中，某些内心的诉求也许就会清晰。因为自我的阅读诉求，有时也就是自我的写作诉求。

林婉瑜　大风吹，吹诗人

林婉瑜　诗人。台北艺术大学戏剧系毕业。第11届台北文学奖得主，"2014台湾诗选"年度诗奖得主。已出版诗集《那些闪电指向你》《爱的24则运算》《我没有谈的那场恋爱》等。

林婉瑜

那是一个大风吹游戏:"大风吹,吹喜欢电影的人。"很多人站起来了,空出了很多的位置。"大风吹,吹喜欢写作的人。"少数人站起来了,空出少数的位置。"大风吹,吹诗人。"极少数的人站起来,我因为想着诗是什么,诗人是什么,而忘了座位的事。

——林婉瑜《爱的24则运算》后记

2019年2月底，我采访了台湾诗人林婉瑜。她的诗集《那些闪电指向你》在台湾加印了九次，成为社交网站上被广泛流传和手抄的年度之书。

她写雨天：

我拥有一件紫色大衣

穿上时会预感暴雨的降临

下雨时我穿它步行

当路人开始小跑

我的胸间

保守暖意

我想起大学时，我也有一条穿上就会遇到暴雨的蓝色背心裙，陪我度过了数个广州的雨季。

于是
　　我问我的心

她写台风：

暴雨和停电的台风这天

在全都停止运作的

荒凉城市中

松了一口气

好像

连非常喜欢你的这件事

也可以暂时休息

我顿时意会，在台风天日常一切都因天气暂停时的特殊心情。

我们看到诗人将玄妙的灵感凝于笔端，勾起自己的记忆和思绪，就像林婉瑜所说的："读诗的时候，人的状态和惯性可以瞬间被改变、被激发，心智活跃起来，感官敏锐地去接受，看待世界的眼光也可能因此变得不一样。这是诗迷人的地方。"

因为这种迷人，我在紧张的赶稿时段中，感到被轻松和浪漫所慰藉。正如止庵评价《那些闪电指向你》这部诗集所说的："关于林婉瑜，我曾说，好诗总是比语言更快捷地抵达心灵。"我也是被她诗的"闪电"所击中的一人。

这样的诗，是如何写出的呢？每次采访作家时，我总会问他们的写作习惯，这让我觉得亲近。在了解了不下几十位作家的写作习惯后，林婉瑜的写作习惯仍然让我感到特别：开快车。每天下午进书房工作前，她会先开车到高速公路兜风，大约兜一个小

林婉瑜

时，再回来写作。

"我不会限定目的地，只是随意地选一个方向，开到尽兴，然后返回。"这是每天她从日常生活的频率里面脱离的时刻。

这样的时刻，光是听着就觉得羡慕不已。对于这样的写作习惯，在意料之外，又觉得是情理之中——诗人的放空，诗人的跳脱，诗人的浪漫，以及在开快车时诗人灵感的成果：

这盲目旅程的最后
也许会抵达秋天的背面
也许抵达
逆风站立的草原

谁会不想去看看，秋天的背面和逆风站立的草原呢？诗人试图让人看到的，是规范世界中那些普遍、多数的认识，其实并不那么理所当然，诗要达到的目的是创造、深化和颠覆。

我和林婉瑜讨论了两个问题，其一，我们为什么要读诗？

诗人的答案是："跟随着诗人的语气，跟随诗中的叙述，去进入诗人创造的情境，我们可以从中获得一种新的观看方式，获得一种新的想象，在阅读中获得的东西，在之后的生活里会让人产生不同以往的视野，有不同以往的对人事物的应对。"

我想，我能理解这种想象。就像我在冬天想去看秋天和草原，就像记忆被诗的语句一点点激发。我们总是期待跳脱日常，但其实这种跳脱，一首诗就能带给你，就算不能拥有每天一小时

于是
　　我问我的心

的飙车时间，但读一首诗的时间就能让人愉快起来。

其二，我们读一首诗时，希望收获的是什么呢？

诗人林婉瑜是这样看的："我总期待一首诗，可以触动、改变阅读者原本的心理状态，希望他们因为这首诗而获得什么、被改变什么。如果读完诗，自我还是原来的自我，没有因这首诗而获得新的意识和新的感觉，没有更清醒或更惊奇或更喜悦或更深沉，那么这首诗的质量也许是不足够的。诗拥有它的作用力，不仅是'经过'他人，而是可以改变影响他人的心智。"

或许是因为诗人有这样的追求，所以读林婉瑜的诗时，我总是会经历这样的触动。不是因为她的诗集有多大卖，也不是因为止庵和姚谦对她的诗的推崇，只是单纯地在经历某个场景时，想起她的诗句：

边开车边用眼角余光

浏览天空

因为云的色彩云的蓬松偷偷感动

——这是一天工作结束时回家的路。

星群

可能是闪烁的

我起身，下床

小心翼翼行走

——这是已然入睡后，起夜时感受到的温柔的夜。

如她所说，在这过程中，获得的是新的意识，新的感觉，新的观看事物的方式。

在林婉瑜的诗中有很多"夜"：暗夜，黑夜，深夜。正如我所猜想的，她承认自己很喜欢夜晚。因为她在晚上的时候精神特别好，如果和朋友聚会，只会从中午之后的时间开始约，"如果朋友在早上时间看见我，可能我不是非常清醒。"

她的创作也是开始在午后，在写作的时候，她需要巧克力或咖啡因。虽然林婉瑜写"星巴克的大杯热可可/一次/只喝一口/快喝完的时候/就是/一日将尽的时候"，但她写作时不喜欢去咖啡馆，而是习惯在自己的书房。林婉瑜看上去是一个节制的人，甜食是她的爱好，每天必须吃一点，但她规定自己一天只能吃一种甜食。如果需要写作，她会把这一天份的巧克力留在写作的时候。

姚谦说：林婉瑜的每首诗，我几乎都可以清晰地感受到，那是在时间里，在某一空间里发生的一个状态——实景的状态或心理的状态。

这些日常的意义是什么呢？大概是她曾在《那些闪电指向你》的书末对谈中说的：诗是本来就存在的，触摸得到，可以表达出来的人则成为诗人。

于是
　　我问我的心

◎ 简洁：您的诗集《那些闪电指向你》在大陆也取得了不错的反响，在收到的读者的反馈中，您印象最深的是什么？

◎ 林婉瑜：我在台湾写诗其实已经二十年了，在出版《那些闪电指向你》之前，知道我的大部分人也都是诗的创作者。2014年《那些闪电指向你》的繁体版本出版之后，有更多的读者认识了我。2018年8月，我到大陆做了十天左右的新书分享会。每个地方的风土人文特色都不一样，读者感兴趣的部分也不尽相同。这些回应非常丰富，从各个不同的层面去看这部诗集。有读者说，这样的诗是把极重和极轻结合起来；也有人说这是很可爱的诗；我印象最深的是有一个读者，说他读到了这部诗集里面的深思设计。我觉得他可能也是一个创作者，所以他会从创作者的角度去看如何设计一首诗。

◎ 简洁：可以和我们谈谈您诗中的这种深思设计吗？

◎ 林婉瑜：我很喜欢的一部电影是《爱乐之城》，我一直觉得这个导演的创作理念和我的创作理念有相似之处。《爱乐之城》是一部爱情电影，同时也是一部歌舞片。在这部电影出现之前，其实我们对于爱情电影的想象，可能觉得是一个很常见的主题；对于歌舞片的印象，可能是一种比较僵硬的不流畅的感觉。可是在这部电影出现以后，我们发现原来一部爱情电影也可以拍得这么不落俗套，歌舞片也可以这么流畅，又有很多精细的创意设计。对于一个创作者来说，要做出一个具有沟通性的作品，同时又让它具备了高度的创意，还要有艺术上的精巧的话，这真的是要有很多的暗中思考和设计，才能够让这个作品看起来既流畅又有艺术的高度。

◎ 简洁：被别人注意到您在诗中设计的这些技巧，您其实是很高兴的。您并不希望别人觉得您的诗是自然生长出来的，全然依靠灵感的是吗？

◎ 林婉瑜：当然是要有很多的灵感才会去发散出这么多的作品，但是只靠灵感，没有技巧的话，是无法完成一个成熟的文学作品的。所以我写诗的时候，其实时时刻刻会很注意，比如一个标点符号的改变，多一个字或少一个字，句子断掉的地方不一样，整个阅读的感受就会有细微的差异，我觉得一个创作者在创作的过程中要具备一种敏感。

◎ 简洁：之前有读者给您留言说，到底要谈多少次恋爱才能写出这样一部诗集？您说很想回答他说没有很多次。事实上这本书里的诗，有一些是您爱情的感悟，有些是虚构的？

◎ 林婉瑜：诗集中有很多爱情的态度，比如一首诗的角色，她是比较柔顺的，对爱情没有怀疑的，可是另外一首诗又是对爱情有比较多的质疑或叛逆的，我觉得我的诗表达的是很多不同的对爱的态度，其中有一小部分会和真实的我对爱的态度比较接近，但并不是全部。

于是
　　我问我的心

- 简洁：您诗中常常出现"夜"的字眼，为什么您关于夜的描述会这么多？
- 林婉瑜：对，我很喜欢夜晚，我也很喜欢下雨天，像《那些闪电指向你》里有很多的诗会提到夜晚，也有很多有关下雨天的意象，比如说闪电，打雷，雨天散步，都和雨天有关，还有很多和夜晚有关的一些叙述。我自己在晚上时精神特别好，我都是在中午到半夜的时间活动。而下雨天的时候，好像整个城市的运作会暂停下来。本来要出门急着去办某件事，可是因为是下雨天必须找伞，要改搭计程车，本来要做的事会落后一拍，我蛮喜欢那种暂停的感觉的。开车的时候，从挡风玻璃看出去，街道景象被玻璃上面的水弄得很模糊，我也蛮喜欢那种感觉的。

- 简洁：您说创作会改变生活质量，在您的日常生活中是怎样体现的呢？
- 林婉瑜：你刚刚说到创作改变生活的质量，其实我现在已经无法分辨它是好还是不好，因为这已经变成我每天一定会去做的事。如果我没有特别的外出或旅行的话，每天下午就会回到我的书房回复信件、写文章或诗歌，它已经变成我生活的一个部分。我很难想象如果我没有做这件事，这些时间会用来做些什么。对我来讲，有一个蛮深的感觉：有时候我觉得真实的生活对我来讲反而不是那么真实，诗里面的世界对我来讲反而更具体，临场感更真实。

- 简洁：创作让您的生活有一种跟现实跟虚幻之间的交叉感是吗？
- 林婉瑜：就是书写的世界创造出来的是另外一个时空，看真实的世界也许有交集，但是绝对不是完全重叠的。对我来说好像比较多的时间是处在书写的时空当中。

- 简洁：您在《那些闪电指向你》的后记里说"经历诗就像经历成长"，讲了怎样找到自己的独特性和灵魂别致的地方，您是如何经历这一过程的？
- 林婉瑜：我们从小在学校学到的都是要符合规则和规范，慢慢到了大学，离开求学的环境，你心里就会有一个声音想要表达自己别致和独特的地方。我觉得诗的学习、阅读和写作，跟成长过程很相近，比如一开始在学校上国文课，会被要求写出来的句子要合乎文法。如果你写了很像诗的句子，会被老师圈起来说不合文法。所以在某个阶段，我们学习的是一种语言的正确表达。可是当你进入了创作的时候，要寻求的并不是一种规范的，大家意料之中的表达，这时反而要寻找的是自己的独特的表达。对于自己的独特性，我觉得就是不要忽略自己真实的感受，因为对我自己来说，我表达的方式是通过诗歌，也许对有些人来说，他表达的方式是通过小说或者音乐，这就要很真实地去面对自己的感受，才会知道要用什么方式去表达自我的独特。

于是
　　我问我的心

◎ 简洁：有人说您的诗总是充满转折，猜得到开头却料不到结尾，这也许与您戏剧专业的背景有关。您同意这种观点吗？

◎ 林婉瑜：我觉得一定是有影响的。我从刚开始写诗时就知道，我的诗的养分不单是从诗这个形式而来的。我很喜欢接触不同的创作形式，比如说剧本、相声、电影、舞台剧或流行音乐，我会发现在这些创作形式当中，语言会呈现出不同的表现。这几年我也开始发表流行音乐的歌词，当我在写歌词的时候，就会深刻感觉到歌词的语言方式与诗歌又非常不同。2018年底，我去天津做一个学术的交流，晚上安排我们看相声表演，其中有一段让我觉得很微妙，后来我决定还要回到天津重新去看这段相声，因为那段相声让我觉得非常精巧，就像一篇微型小说一样。所以我觉得我大学主修剧本创作，语言对话、场景还有角色，是我在念书时经常去设想的、揣摩的，这对于我的写诗带来的不是全部的影响，但是会有一些影响存在。

◎ 简洁：以口语入诗，是您诗歌一直以来的特征。您提到语言可以制造诗意，情境也可以制造诗意，这个特点是在您写诗之初就确定下来的吗？

◎ 林婉瑜：对，我一开始写诗语言就是比较偏向口语。其实书面语、口语和其他叙述方式都存在于我的作品中，但是正如你所说，比较多的作品是倾向于口语的表现。我觉得可能是因为我写诗时经常决定采取一种倾诉的态度，使用口语会让这种倾诉的态度更鲜明。创作者和阅读者之间的距离会因为口语而变得很近。同时口语会有一种临场感，比如说舞台剧当中的语言，当一个场景出现，那里面角色的对话也都是口语的，在诗里面的这种比较口语的表达，它可以很容易地把阅读者带进故事里面。

☉ 简洁：您说曾经害怕创作的孤独，可是后来慢慢习惯了这样的孤独，甚至变得不喜欢被打扰被介入了。您大概在什么年纪时直面了这种创作上的孤独？您觉得孤独和写作的关系是什么？

☉ 林婉瑜：我二十岁开始写诗以后，有这样的感觉。我从小是在一个充满了爱的环境中长大的，我的父母对我们有很多的关心，所以刚开始写作时我是不习惯的，因为很难找到一个可以跟随自己的想法、和自己讨论的人。可能对于很多创作者，他们也面临这样的状况。一个人有多特别，他就会有多孤独。但是后来我已经释怀了，习惯了这种创作的孤独感。有时候收到读者的回应，知道自己的作品在别人的生活之中产生了意义，这种孤独感会暂时减轻。我觉得孤独对作者来说不是一件坏事，如果时时刻刻都沉浸在大众之中，渴望所有人去回应你，那创作的态度，可能会变得"从众"，失去独特性。

> 简洁：您在台湾参与文学奖的评审时，会看到年轻一代参赛者的面貌。您也提到会有跟风、跟热点的现象，对诗的刻板印象、刻板想象还是多了一点，建议他们"不要走别人走过的路，也不要经常重复自己走过的路"。对于诗歌创作，您觉得重要的是什么？

> 林婉瑜：有时我参加文学奖的评审，当然会看到好的作品，也会有不那么好的作品。我们的生活已经充满了刻板印象，有很多呆板和重复的东西，可是用不好的文字去描摹的事物，比现实生活更加索然无味。我觉得亲近一首诗歌，是希望借此获得让精神复苏的灵活的思考。如果是不那么成熟的作品，可能又会让阅读者的精神死去第二次。当书写者有一个不错的灵感，接下来就要借助语言和文学的技巧去发展灵感。太过于炫耀的技巧，可能会失去书写这首诗的初衷，让读者读不到动人的部分；可是如果一首诗歌缺乏技巧的话，读者就会觉得作者把很妙的事情讲得很笨拙。创作者在书写一首诗的过程当中，时时刻刻都要去取舍达到两者的平衡。

> 简洁：止庵老师在之前和您的对谈中谈到两个问题：第一是我们怎么读诗，第二是我们为什么要读诗。如果是您，会怎么解释这两个问题？

> 林婉瑜：当我们阅读诗歌时，首先不要有一种畏惧的心理，不要觉得诗歌离我们很远，其实只要跟随着诗人的语气，跟随他的叙述，去进入他创造的情境，我们就可以从诗中获

得一种新的观看方式，像《那些闪电指向你》中有一首诗叫《跨年》，我们以前跨年，是从旧的一年过渡到新的一年，可是这首诗我实际写了一个场景，好像旧年和新年中间真的有一条线，我们要把它跨过去，跨过去以后，回头看到旧的年也想要跨越过来，但是他没办法，所以他坐在原地，我跨过这条线之后，把旧年和我不爱的人都留在过去了。在阅读时阅读者会读到书写者对于事物的一种新的观看方式，获得一种独特的想象。我们为什么要读诗？或者说我们为什么要阅读文学？就是读者从作品中获得了一种新的观看事物的方式，因为他在阅读里面获得的东西，在之后的生活中，也许会有不同以往的视野，有不同以往的对事物的应对。

☙ **简洁**：您建议年轻人的不要走别人走过的路，也不要经常重复自己走过的路。怎样才能在创作中做到不重复？

☙ **林婉瑜**：我自己阅读的经验是，比如说一本诗集，从第一首诗到最后一首诗，如果一直在重复同样的气氛，我会是比较不耐烦的。或者一个作者今年出了一本书，两年后又出一本书，可两本书的内容或性质差不多的话，我作为一个阅读者，对于这样的作品是没办法亲近的。我觉得一个创作者，面对的就是艺术的追求，当然就是要尽量地让它更广大，也更深刻。

于是
　　我问我的心

☾ 后记：瞬间的写作感觉

采访诗人总是比较愉快的，因为无论是读诗还是对话时总能进入与日常不同的情景。就像林婉瑜所说的：诗里建构的务虚世界，其实比现实世界还要真实，更能留下意义。

林婉瑜的诗集《那些闪电指向你》并不厚，但我却折了许多页。在这许多页中，最打动我的是这一段：

瞬间的爱情感觉
像稍纵即逝的闪电
它并不真的落到地面
是轻微一闪
照亮了
一秒钟的天空
当你意识到了
抬头看云
云仍灰黑沉重
但你确实知道
刚才曾发生什么

我喜欢这首诗，并不是因为它是一首情诗，而是因为我觉得，诗里形容的瞬间的爱情感觉，也恰恰和写稿时瞬间抓到灵感时的感觉一致。

林婉瑜

我把这首诗发给作者朋友们,他们都表示赞同。赞同的是那一秒感受的惊艳,也是那一秒感受的遗憾。确实知道那灰黑沉重的云层后发生了什么是一回事,抓住那刚被照亮的一瞬又是另一回事。正因为后者的不确定,所以才有这样的精巧玄妙的通感。

苏童把作家形容成海鸟:那些以海为生的海鸟,它们是海洋的巡视者,从大海里捕捉食物,却永远飞在海面之上。它们是寻寻觅觅的,所有食物被浩瀚的海水所笼罩,所覆盖,更多的时候,海天上并没有它们的食物,因此寻觅的过程看起来是个漫长的守候的过程,守候了才能发现,发现了才有资本去筛选和淘汰。

比起闪电的稍纵即逝,以海鸟所比喻的写作过程似乎更艰辛,但在艰辛之外,却是一种必将有所收获的笃定。两相比较,便明白,为什么诗人用闪电比喻爱情的感觉更合适,因为爱情比起写作的灵感,要更加不确定和不可捉摸。而写作,在发现那一秒被照亮的天空后,更加重要的是漫长的守候的过程。这样一想,虽然艰辛,却又安心起来。

作为编辑和写作者,我希望在这一篇一篇的采访和阅读中,能让人们感受到重重云层之后曾被照亮的一瞬,我也希望在寻寻觅觅与漫长守候之后,寻到的东西能让人终有所获。

鲁敏 决意写作的时刻

鲁敏 作家。1973年生于江苏。曾获鲁迅文学奖、庄重文文学奖、人民文学奖、郁达夫文学奖、中国小说双年奖等。代表作有《六人晚餐》《荷尔蒙夜谈》《此情无法投递》《奔月》《金色河流》等。

鲁

敏

她警卫般地注意着季节、时辰或物件,常有日月飘摇之惊痛。当然小六总会迅速喝止掉这小儿女态的伤感。她而今只需要认真于两件事,不负责任地认真:浪费很多的时间,花光不多的余钱——譬如像今天这样,用整个休息天看鹊岭上的树,看乌水里的倒影。

——鲁敏《奔月》

采访鲁敏,是在2018年1月,《奔月》刚出版的时候。鲁敏的小说《奔月》,写的是一个叫小六的女子,假死后抛弃身份逃离到远方的故事。

我非常庆幸是从这本书认识的鲁敏,作为一个风格多变且热爱挑战自己的作家,再早一点,再晚一点,可能都不能在这个时间节点上打动我:一个女子,家庭幸福,工作得力,人际关系和谐,在没有任何逼迫她逃离的因素时,在一场偶然的车祸下,她临时决定假死,隐匿到远方去从零开始生活。

"逃离"可以说是文学作品的经典题材,但鲁敏笔下的逃离和寻常的逃离都不相同。作家只给了女主角小六一个理由:骨子里隐藏着的"失踪症",天生有一种想要逃离的冲动。看上去不可思议,但正因为这毫无理由的出走,反而把这个冲动衬得更加纯粹。

远方的生活,未必是好的。原先在大城市有能力去做公司主管的女主角小六拿着一张捡来的身份证,在她逃去的那个小城,只能从超市门口的卡通人做起,然后成为超市厕所保洁员,再后来成为超市收银员和办公室主任,按世俗评判的观点,她的生活怎样都及不上出走之前。但作家却让读者对女主角的快乐感同身受:她让自己置于世俗的成功学评判体系之外,进行了一种极端任性的反叛。

书中有这样一段:"她警卫般地注意着季节、时辰或物件,常有日月飘摇之惊痛。当然小六总会迅速喝止掉这小儿女态的伤感。她而今只需要认真于两件事,不负责任地认真:浪费很多的时间,花光不多的余钱——譬如像今天这样,用整个休息天看鹊岭上的树,看乌水里的倒影。"

这样寻常的一段文字打动了我,那样惊天动地的出走,只为了平凡却又让人心动不已的喘息一刻。

鲁敏说创作时一直很担心读者觉得这出走的理由牵强,我却从这超现实的不可理喻中,感受到了文学才能带来的任性的快感。虽然,作家并没有给笔下的小六一个世俗价值下的好结局——她到最后,真的失去了她所抛弃的一切。

鲁敏对此的总结是:当你走到了远方,远方就变成了你的此地。人们日常上演着逃离,也日常上演着回归,这是日子渐进的模样。

关于逃离和身份认知,没有人比作者本人讲述得更为清晰准确。在对鲁敏的简介中,往往跟着的第一个描述是:鲁迅文学奖获得者。她在2010年获得这个奖项,距她2005年10月从邮局辞职不过五年的时间——在邮局工作的第十五年,她三十三岁时,决定彻底进入写作这个行当。在此之后，她又相继获得庄重文文学奖、人民文学奖等重要奖项。

作为一个不到四十岁就获得重量级文学奖项的作家，鲁敏回忆起自己得鲁迅文学奖的时候，"虽然得奖时看起来比较年轻，但于我本人的写作经历来说，也是经过了很长一段时间默默无闻的数量和质量的积累，外界的判断和作者的内心感受并不完全一样。"

比起各种奖项的加持，她给自己写的自我介绍则朴素而直白：十八岁开始工作，做过营业员、企宣、记者、秘书、公务员；二十五岁决意写作，欲以小说之虚妄抵抗生活之虚妄。

"决意"这个词很能体现她的性格，在写作上，鲁敏有种果断的孤勇之意。敢于冒犯、敢于实验、敢于挑战四平八稳。

就在获得鲁迅文学奖的这一年，鲁敏立刻改变了她的写作风格。在当年发表的得奖感言《下一个路口》中，她很明确地意识到自己为什么会得到鲁迅文学奖。"因为我之前十二年的写作都是沿袭着乡土气息的传统，这是乡土文学给我的一个回馈，但我觉得我不应该躺在这个领域里面，再贪恋乡土文学这种成熟的和已确认的审美，所以我从2010年以后就开始写城市，从我内心对城市生活的反映和城市对我的影响来尝试下一个路口。"鲁敏觉得，她要忠实于自己的这种推翻和覆盖，"如果老是投靠原来成功的那一小块田地，我觉得有点虚伪，我自己也不愿意这样。"

最开始的改变是像《六人晚餐》那样扎扎实实的社会现实主义的小说，再后来是主题有些冒犯和出格的《荷尔蒙夜谈》，现在又变成了现代主义的探索个体和纯粹内心冲动的《奔月》。所

于是
我问我的心

以在主流文学的评论中，鲁敏常听到的一个评价是：中年之后有些出格。

和鲁敏敢于冒犯和出格的文字相比，我见到的她身上却有一种平静而规则生活下的宁静感。这在她描述自己的生活经验时得到印证："我生活中还是蛮温顺的，就最起码看上去是，但这种温顺我一点都不想破坏，而且也不是装出来的，因为我喜欢宁静的生活，因为这样你写东西就很安全，家庭、工作、人际关系都很平静的话，你才能在小说里面去兴风作浪。"

这是她中年之后改变的认知。在更年轻的时候她谈到之前在邮局的工作时曾这样说：我当过八年秘书，性格中有谨慎、多虑的一面，对环境的合作度比较高，这对写作而言，并不算什么好事。而现在她这样认识自己的这一面："平时与环境越是合作度高，你内心那种倒刺的部分就更强烈，所以我写作的时候才会更加具有破坏的愉悦感，这两者好像是相辅相成的。"

生活中的平静感和写作中的破坏感，在鲁敏身上形成了一种奇异的平衡。她能以一种冷静的态度面对和分析自己的不足、焦虑和隐痛，也能热情地描述生活中让她心动的烟火人间。这些分析能让人更好地理解她和她的创作。就像在谈到父亲很早去世给她作品带来的"父亲缺位"的现象时，鲁敏这样总结："它会成为你的裂痕，也会成为你的风格，就像一种冰裂纹陶器一样，它本来是烧坏了，可是后来它成了一种风格，你如果老是不停地考问和尝试这个写作主题的话，它也会使你在这个主题上的探索比别人走得深一点。"我们则期待看到她探索的成果。

鲁　敏

人生是由爱、黑暗和秘密构成的这一生

简洁：看您之前的书有一个共同的特点，都没有前言和后记，《奔月》也还是维持了这一点，这是您特意为之的吗？

鲁敏：对的。其实书出来了之后，我还是写了一个后记，但我不太想放到书里面去。我想让读者只看到书的正文，不见得跟我本人发生什么关系，我不想要注解、自我阐释，或者更多的个人的气息，我希望让读者看到一个有更多自由、自我想象的正文。

简洁：之前您说过，我们对于文学乃至人性本身的审美都太平稳太正确，以至于波澜不惊、千人一面，《荷尔蒙夜谈》就是您的一次挑战。在《奔月》中，您挑战的又是什么呢？

鲁敏：这两本书虽然话题不太一样，但其实是有一些延续的，我之前还有一本书叫《九种忧伤》，其实谈的也是人性中一些不为人知的疾病、隐痛、裂缝。到了《奔月》的时候，写的是对人性中自我身份的不确定的探索。我不知道别人怎么样，但是我和我了解的一些人，在千方百计经营社会关系和自我身份的同时，心里总有一种不确定：这样的我是不是最好的我，或者说我有没有可能在另外一个空间以另外

于是
我问我的心

一种方式、另外一种面目去生活。不管人在顺境还是逆境，你生命中好像总是有一个阶段可能会想到这个问题。它不是每天跟你的生活很功利地相关的问题，但是它总是在你人生中很得意或很失意，或偶尔等电梯、等水烧开的时候，各种各样的声音突然涌上心头的那种自我的疑惑。这个话题当然有一点冷涩，并不是说每个人都会想到，但如果你也正好想到，那我们可以在人群之中，在这个主题上相遇一下。

简洁：但在这个逃离的故事中，您并没有给女主角小六一个世俗意义上的好结局？

鲁敏：没有。我对这个主题的探讨，既不是逃离北上广，也不是逃离一个庸俗的家庭，更不是逃离后想过一个浪漫的生活，它不是那种二元对立的逃离。书中的逃离依然是对另外一种社会关系和自我身份的建立的尝试。所以女主角出去了一大圈，发现她这种空间的转移并没有改变人自我和沉重的肉身部分，所在那个空间再待下去其实没有意义，因为她没有追踪到一个新的自我，她所要面对的，恰恰正是人的"本来面目"。所以我让她回到原来的那个空间，这样才能对我这个主题进行一个确认：要讨论的并不是"我是谁"，而是"人是什么"。人是什么呢？人是由爱、黑暗和秘密构成的这一生。在任何一个空间，你都有对爱的渴望，对秘密的建立和维护，对这个秘密的打破和向别人敞开就都有这种人性的自我需要。

☾ **简洁**：您写作一向采取的态度——具体到本书所涉及的主题，只要符合您的价值与审美，您并不顾忌，甚至有点冒犯的乐趣与实验心理。在这本书中女主角其实挑战和冒犯了很多世俗的规则？

☾ **鲁敏**：这本书里挑战了很多，女主角的家庭关系，以及对家庭责任非常冷酷的背叛，还有她对伦理、两性关系，包括对她的母亲家族的背叛。我觉得人在自我的生活当中是很胆怯的，很难真的做到背叛人伦道德或情感，但是我让女主角在逃离的状态，觉得"我好像非我"，才可以做到这种彻底的翻脸无情。生活中大家还是被各种东西所束缚，我们从小受的教育和所受到的训诫总是要做一个"正确"的人。但我觉得文学的意义就在于可以让我们包容一种"不正确"，就像你讲的冒犯或某种不合作、不妥协的姿态，我觉得文学就是让我们有这种最大的尝试。虚构就有这个好，它可以把这点做到极限。

❊ 平常人的困境才更有追究价值

☾ **简洁**：您之前谈乡土文学与城市文学，说乡土太安全了，容易延续那种四平八稳的审美，但是城市文学还有很大的空间，这本书是否延续了您想探讨的城市文学的空间？

于是
　　我问我的心

- **鲁敏**：我以前写乡土文学也侧重于精神上的困苦，而不是物质上的贫乏。我还是偏重于精神上的困惑。二十世纪五六十年代的作家，更多的会写对土地的感情和物质的贫乏。到了七八十年代，我觉得文学是有递进和刷新的。

- **简洁**：关于城市中精神的困惑，在《六人晚餐》中您讨论过"失败的大多数"和对现代成功学的反思。《奔月》中的女主角小六是否就是完全抛弃了成功学价值的一种生存方式？

- **鲁敏**：这个倒不完全是。《六人晚餐》是探讨的对成功学的一个反叛，主人公就是一个失败者，他被这个时代狠狠地抛下，他的爱情、家庭、职业好像都被碾压，但是他自己很自豪，是一个骄傲的失败者。《奔月》不是对成功的探讨，因为小六到了那个小地方之后，她还是会去想办法做一个小中层，虽然她不是自己想这样，但是后来不知不觉就这样了。这个小说探讨的是人性当中的那种庸俗的、被整齐划一的这种教条所规训的部分。她试图反抗成功学，也试图反抗亲密关系，反抗那种所谓向上爬的不顾一切的那种念头，但这些反抗都是失败的，最起码不是很顺溜的，所以我探讨的是人性中难以摆脱的重力的部分。其实大家都在鄙视成功学，但是轮到自己的时候，还是会不由自主。

- **简洁**：让人比较惊讶的是，您说觉得自己也是失败的大多数中的一个。

◐ **鲁敏**：对。那可能是一个职业的感受吧。因为作家在这个社会上它不是一个话语的强权者。但是这种的失败是世俗意义上的失败，它并不代表你精神上的失败，或代表自我感受上的失败。因为我们讲的大多数路人甲，在这个社会上是没有强权通道、没有发言通道，在生活中会受到生老病死的折磨，但是我觉得一个人只有受到这么多困苦之后，你才能看破生活本身的这种喜怒哀乐。所以说这挺好的。假如我活得特别顺利，我大概不会写作，因为很难说一个幸福程度特别高的人会来写作。我们同行好像没有一个人，过得特别得意扬扬的、人五人六的，这样的人不多，好像总是有点困苦感。

◐ **简洁**：因为之前您在邮局工作的经历，您说自己会对烦琐枯燥的生活有一种莫名的持久兴趣，这也成为您笔下大部分主人公的背景，其实这样的人物是比较难写的，但是平常人的困境才更有追究价值，我们怎么理解这种平常人的困境？

◐ **鲁敏**：你这个问题挺专业的。实际上我们这一代写作者，在一些读者或文学观察的批评家看来，觉得我们写的内容偏个人化、生活化，好像没有写更多宏阔的历史叙事或家国命运，就是关注于烦琐的，甚至是乏味枯燥的平庸人的生活和他们的苦痛。是不是写历史大事件就是大的主题，写四季流水、一日三餐就是一种可以藐视的小？我觉得是可以探讨一下的。我们生活中固然也有跳跃性、戏剧性的大起大落，但是更多的时候是平缓流淌的、波澜不惊的。但在波澜不惊的水的深处，它可能有各种各样的隐痛，这些东西非常难写，但它又是我们社会中大部分人所感受到的最真切的部分。

个体以属于自己的方式去面对这种平庸的生活，我觉得也是值得尊敬的生活的常态。小人物的生活构成了这种巨大洪流的走向。他们所承受的那种痛苦，他们为自己的理想所做的艰难而渺小的努力，它们以千百种"小"构成了一个整个时代的"大"。波澜不惊的水下面的暗流涌动，它其实是惊心动魄的，他们是在与自己的困境做斗争。不安全感、选择恐惧症、抑郁症等这些常见的都市病，就是小人物跟他自己的命运做抗争的暗流涌动的那部分。所以我写城市生活，不大写金钱、成功、阶层的奋斗，不写物质性的城市生活，而是写个体的精神黑洞和精神暗流。

简洁：您在写作中也会有困苦感吗？为什么您常说自己写作从来达不到心满意足，甚至与写作的关系一直很紧张？

鲁敏：与写作的关系紧张，我觉得有的作家可能不会说，但我是愿意承认这一点的。因为我很难做到对自己的作品百分之百的满意。在写作的不同阶段，我会有不同性质的焦虑。比如写作之前，我没有想到新的更值得写的主题时，整个人就是行尸走肉的一种紧张状态，觉得自己的脑子怎么这么空。第二种情况是比如我今天想写一个忏悔的主题，开始进行所谓的风格、结构或人物关系的设计，在这个过程中还是会发现有眼高手低和完成度的一个问题，在进行主题的探索时，也会有各种各样的对自己的失望。认为自己应该把它设计得更加别具一格，但在执行想法时会不由自主地延续你原来的写作风格，遣词造句过于光滑，用词过于熟悉，等等。即使在这本书上市后，读者和业界反响也很不错，我还是会焦虑，也许它还是有一些不尽如人意的地方，大家当着我的面不好意思说，等等。这种紧张，我不知道别的人怎么样，反正我是一直都有的。

简洁：您会试图缓解这种自己与写作关系的紧张吗？

鲁敏：有时候想到这些，我会突然很沮丧，但如果说有人来跟我说话，那我又会把这种紧张掩盖起来。这是个常态，要改变这个状态也很难，因为我也写了二十多年，也知道你等这段时间过去了，某一周写得还不错，你也会有很高兴的时刻，那些满意的时刻也会有安抚作用。所以说这也是习惯的一种状态，时好时坏，大部分时候坏，偶尔好，就是这样。

好的作品应该是如盐入水，化于无形

简洁：您的《六人晚餐》已经被拍成电影，《荷尔蒙夜谈》中的《三人两足》也被导演李玉买下。您在创作时会考虑影视改编的内容吗？

鲁敏：肯定不会想，因为一想那个动作就假了，要几分钟一个戏剧高潮或怎么样。我觉得我最适合做的是把这个小说写好，最后它能不能到达那个目标，我觉得那是另外一件事情。作家最高的追求不是说一定要改编成一个什么影视剧，我觉得最高追求是成为一个职业与专业意义上非常优秀的作家，这对我来说还是特别重要的，所以在写作的时候我会有意识地反高潮，或反读者的阅读期待。比如说读者都希望女主角消失了两年，得到了一个明确的自我成长，大家有一个中心思想期待，但是我这本小说的结尾其实就是打破中心思想，我没有告诉你她找到了什么，她也不知道最后自己得到了什么，这其实就是典型的文学思维，而不是影视思维。我也很尊重影视做的各种各样的努力，但小说还是不太一样，它就是要有个性的部分、文学意味的部分，或者是现代主义、存在主义的那种偏灰冷的部分，这是它的价值。

简洁：怎么理解这种打破中心思想的做法？

鲁敏：我有时候觉得作家的能力和任务，就在于呈现出生活中不同面部的人、不同的生活的状态以及个体的困境的状态。但是个体的问题是否能够解决或是否有答案？我觉得并不是写作者一定要明确告知的，他应该把这个广阔混沌的未知领域交给不同的阅读者去感受。好的作品应该是如盐入水，化于无形，你尝到这个水的味道，但是你不见得一定要咀嚼到那个粗糙的颗粒。我觉得生活的真谛就是无解无答案。

鲁　敏

- 简洁：最后，可以和我们分享一下您的阅读方法吗？
- 鲁敏：我自己阅读的一个大概的习惯基本上是两头读。一头是我们中国古典名著，把这些老的书相对地保持着一个阅读的状态，因为我怕我的语言被现在媒介的语言，比如公号文或微信上的语言弄得很不堪。还有一头就是当代的一些比较快引进过来的外国的小说，我们中国出版界对国外的一个引进，是比任何国家都要快的，你阅读这一块外国比较新的作品，能让你更留心到在不同国家的同行们，他们最近的一些写作的探索或者写作的方向，它不是以一时一地的小氛围来确定的写作主题，能关切到更具有广谱性的人类共同关心的问题。尤其是他们在结构上的尝试，在风格上的变化，我就觉得还挺好的，也是让你对这种技术前沿的东西进行一个了解。

后记：关于写作的焦虑

作为一个不到四十岁就拿到鲁迅文学奖，继而获得人民文学奖等重要奖项的女作家，鲁敏的人生很有些传奇色彩：十八岁进入邮局工作，三十三岁从工作了十五年的邮局辞职，考入南京作协，正式进入写作这一行当。在她的简介中有这样一句：二十五岁决意写作，欲以小说之虚妄抵抗生活之虚妄。

二十五岁决意要写作的那个时刻，几乎在她之前所有的采访

于是
我问我的心

中都有提到：从南京城北一幢三十层的高楼上往下望，下面是行色匆匆的人流，一种"强烈的焦灼突袭心头，如惊涛拍岸"，"像是积蓄多年的火山终于找到一个突破口。我迫切地想要贴近他们的心肠，感知他们的哀戚与慈悲"。

我在采访时问她，是否所有作家都会有感到自己决意写作的这一时刻，就如村上春树二十九岁时在棒球场看到棒球飞来决定写《且听风吟》的那一刻，就如她在三十层高楼上往下望的那一刻。她笑了，说这个时刻其实是她决定写第一篇小说的灵感，为了表述方便，采访者把她描述成了决意写作的时刻。

真正决心写作的时刻，也许没有那么戏剧性。那些年少的阅读时光，那些对平凡烟火生活的感悟，那些对自己天赋敏感的判断，都融入在日常生活中。

之前她曾这样描述自己理想的一天："饱睡一场，起得很迟。三餐朴素但好吃，最好不要我来做饭；上午用来写东西，下午在附近有树林、灌木或湖面的地方，远远地走上一大圈，到天色将晚，最好来一场如注暴雨，有雷有闪电，窗棂吱吱作响，家家户户闭门不出。极端天气特别适合在一灯之下，看书、看电影；希望看到一部好片子，并短暂地感动，滴洒几粒奢侈的泪，然后在满意的疲劳中打着瞌睡爬上洁净的床。"

我看到这里时不禁会心一笑，在她的小说《奔月》中，女主角小六周末也是这样度过的：饱睡一场，起得很迟，不用做饭。鲁敏听了一笑，说是有把自己的习惯投射到人物中。但随即告诉我，她现在理想的一天已经有所改变。

鲁　敏

　　对于现在的她来说，饱睡也没那么重要了，好吃的也可以往后排一排。理想的一天不见得有高质量的睡眠，但希望有高质量的阅读。写作是一件自我重复和自我消耗的事，现在的阅读速度和效率比起十年前有所退化，她常常会感到很失望。鲁敏说自己现在会有阅读强迫症，到了书店如果看到特别多的好书就会浑身不舒服：哪怕是现在决心开始读，都不可能完成了，这让她觉得痛苦。

　　从她身上，我看到的是一个作家在成名之后，依然保持着对写作的焦虑。最后我采访的题目是《鲁敏：我与写作的关系一直很紧张》，她很满意，在微信上和我说，标题很好。而我要感谢她的是，她的书给了我一段有效的阅读时光。那是一个女子逃离日常生活的故事，让我难得地在忙碌采访的日子里，在下班后瘫在沙发上从精彩得让人放不下的故事里得到一段思考。这大概就是，让人从作品由衷喜欢上一个作家的魅力。

　　我对于她一直保持着对写作的紧张感的心态感到叹服，感叹如果她这样勤奋和紧张，一定会写得越来越好。但鲁敏却劝住我：不一定的，我不能这样想，你也不能这样想。她给我打了一个木匠的比方。有些事进展到一定境界，便不是勤奋能决定的了。唯一能掌握的，是那些决意写作的时刻，以及向它靠近的勇气。

路内 十七岁特有的迷茫和别离

路内 作家。1973年生。2007年在《收获》杂志发表长篇小说《少年巴比伦》受到关注。著有小说《少年巴比伦》《花街往事》《慈悲》《十七岁的轻骑兵》《关于告别的一切》等。曾获华语文学传媒奖年度小说家、春风图书奖年度白金作家、《南方人物周刊》年度人物等奖项。

路内

是的,我还在写着那个倒霉的化工技校,没有名字只有绰号的小青年,"风一样的谜之女孩"们。时间像倒影,前半生想不通的事情变成后半生的笑话,反之,也成立。记忆和虚构叠加成另一个平行空间,尽管写了八年,一晚上也就读完了。

——路内《十七岁的轻骑兵》

采访路内，是在2018年他的新书《十七岁的轻骑兵》出版之后，距他的成名作《少年巴比伦》出版已经有十年。

路内曾说过，作家跟读者过度交流是不太安全的。二十年前，那时路内还是一个文学青年，在电视机上看到作家孙甘露参加上海的一个活动，孙甘露对着镜头说了这句话。路内说他一直在揣摩，过了十多年，他自己也成了作家，他还老记得这句话。

到现在，路内觉得即便不安全，这个问题对他而言也不存在了。在《十七岁的轻骑兵》的书封上，路内写道：是的，我还在写着那个倒霉的化工技校，没有名字只有绰号的小青年，"风一样的谜之女孩"们……尽管写了八年，一晚上也就读完了。

他坦言这个回答并非在回应读者，而是在回应自己。"我既不想在小说里跟陌生事物决斗，也不想与熟悉的事物拥抱，最后就变成了这样。"

十年了，路内还在写十七八岁年轻人的故事，"觉得比我大的人都无聊死了，不值得写。"他并不觉得自己反反复复写这一段看似同质的故事有什么问题——故事固然重要，但最能体现作家能力和价值的一是风格，二是眼界。喜欢他的读者的评价也证明了这一点，他们喜欢他的是：幽默、文笔佳、哀而不伤、脏而优美。

尽管这样，在采访的最后，路内还是透露："我大概也只写到这里了，这几年应该不会再去写十七八岁了，因为我写够了。"就像之前他宣布，路小路的故事就到此为止一样——虽然之后他又在短篇集里，忍不住又再写了一个个路小路。但无论结束与否，他笔下的十七八岁，不仅是青春，就像评论家张定浩所说的：路内明了自己是在写一些恒久动人的东西，它们和泪水有关，但他并不会直接去书写泪水，而是侧身去描摹那些被泪水烧灼过的青草和花朵。

而我，更愿意用路内自己的话来体味他书写的意义：时间像倒影，前半生想不通的事情变成后半生的笑话，反之，也成立。

作者把本分之内的事做好就可以

简洁：在《十七岁的轻骑兵》这本书的腰封上，您自己承认，还在写着那个"倒霉的化工技校"的故事。十年了为什么一直在写这个题材？它有什么吸引您的地方？

☾ 路内：有很多次我被人问说，你为什么不写当下？你为什么不写那过去十年（准确的年份是1998年到2010年）在广告公司的经历？我有时候觉得有点回答不上来，你看这个十多年的经历我都没有写，那其实是我非常熟悉的东西——在办公楼里面，跟甲方打交道，做创意，拍电视广告。但正因为太熟悉，有的时候它就缺乏力量，它这种时间感太近，不能让我感到有写作的冲动。实际上这个问题我也没有办法回答好，因为那段时间离现在大概也过去七八年了，再往后过去十年，它已经很遥远了，但我仍然写不出。虽然现在互联网更发达，有自媒体这些新的东西出来了，但我身边的很多人仍然和十年前我所见的那个状态差不多。我还是没有兴趣去写。

☾ 简洁：但您也不想写自己太陌生的事物？

☾ 路内：一个作者——我们说得庸俗一点——把他本分之内的东西做好就可以，但是最难办的是如何界定陌生？有一些东西我觉得它不在我的写作范畴之内的话，我就不能产生共鸣。比如有的内容很有写作价值，我知道大概怎么写，技术上应该怎么完成，但还是没有去写它的欲望。如果我没有和它有共鸣，去用一种技术的方式把它写出来，然后我要求读者和评论界对这个作品产生共鸣，在我看来这是一件不道德的事情。这确实是一件做得到的事情，但它似乎不道德，似乎缺乏价值。你说让我去写一篇短篇小说，我也许还能去试试看。但让我花一两年时间去写一部长篇小说，我首先是觉得不值得，其次我也很担心我会失去耐心。

◎ 简洁：您现在写的都是低于您年龄的故事，您是如何实现用成人视角写童年和少年的？

◎ 路内：说得也还真是，我的年龄一天天地往上涨。写作中有一个基本原则或者说天条，就是说如果你要写一个小孩的故事的话，一定要用成人视角去写，你不能用小孩的口吻、用小孩的思维去写这个故事。同样地，写一个关于动物的寓言故事，那一定是用相对偏成年人的视角去写。因为如果用小孩的视角去写的话，可能会写成一个儿童文学。不是说儿童文学不好，但它确实低于成人的心智。可是好多文学作品，比如狄更斯大量的作品，其实都是写小孩，有一大半的篇幅都写人物的童年和少年时代。那他一定是用一种所谓的作家的视角去覆盖这个故事，这样他的文学价值或作为一个小说的价值才能成立。拍电影也是这个样子，你去拍一个小孩的东西，你看王小帅拍《我11》，姜文拍《阳光灿烂的日子》，实际上都是赋予了一个导演的视角。十七八岁这个年龄段还是一直能让人有激情写作的一个创作题材。但我大概也就写到这为止了，将来要再写的话，我可能会换一个方式写。但这几年应该不会再去写十七八岁了，我写够了。

☾ 简洁：您曾提到，您的阅读是从工厂里的图书馆开始的。中国作家和外国作家的作品相比，哪一个对您的影响比较大？

☾ 路内：我后来去看卡夫卡、昆德拉、福克纳这些作家，我觉得还是他们对我的影响会更大一些。中国作家当时让我认识到什么是文学写作，知道了什么是文学，但是第一批不一定是影响最大的。

☾ 简洁：您也很喜欢波拉尼奥？

☾ 路内：我是2011年左右看的波拉尼奥。我一直认为波拉尼奥就是典型的文学青年的写作，他当然是大师，但是他不是主流型，一直到他去世。

☾ 简洁：现在回想起您写第一部长篇《少年巴比伦》，其实写作的起因只是因为跟朋友不服气打了个赌？

☾ 路内：是的。那中间还有一个插曲，遇到了徐来，就是果壳网的总裁。他当时也在写一本书叫《想象中的动物》。

《想象的动物》是博尔赫斯的一本书，到现在还没翻译过来，他改掉了一个字。然后我到他家，徐来就一边喝酒一边说："你这个故事一定要写成中短篇，在十二万字以内解决掉。"我说，我不要，我一定写出来给你看。就是确实还是带有一点赌气的成分。但是我现在的话就不太会这样，因为我知道为了赌气去写长篇的话，这个代价太大了。当你能用半年时间写出来的时候，你觉得代价不大。但我现在手头

于是
我问我的心

的长篇已经写了四年了,如果我赌气去写的话四年就没了。所以我会大体盘算一下,哪个故事能让我激动起来,能让我把它很好地写出来。我会估算一下自己的能力。

简洁:《少年巴比伦》里有句被读者念念不忘的话:"我所有的记忆都来自令我在了无生趣里找到希望的人与事,其他事情与我何干?"这句话也是您的人生态度吗?

路内:这句话是这个人物的人生态度,我相对还是比较关注社会的,尤其这十几年,中国的变化挺大的。一个作家活到四十多岁了,还只写自己就非常无聊。所以我愿意出来跟读者打交道,因为自己一个人写书已经到了很无聊的程度。我又不是一个很擅长跟自己玩的人,我不像冯唐,冯唐可擅长跟自己玩儿了。我也会去关注整个社会的人的变化,但这个东西是否要呈现在小说中,还是那句话:如果要写长篇的话,得做好充足的准备。你即使不备好素材,也得对某一个人或者某一个群体有充分的了解。也不是说拎起笔来,我就照猫画虎那样写一个小说,那我觉得不太好。

简洁:您是70后作家,这一代作家有共同性吗?

路内:有一点共同性,就是这一代人受港台文化,或者说流行文化的影响很大。这些元素会不断出现在他们的作品中。消费主义的流行元素刚刚在中国冒出头时,正好是这一代作家很年轻的时候。有一个理论,说你一辈子爱听的音乐,其实就是在你十七岁到二十岁之间听的音乐,这段时间你爱听什么音乐,你这辈子就爱听这些音乐。往后再有人灌输你,你都觉得还是这个音乐好,扭转不过来的。因为音乐这个东西太直觉、太直观了,不像文学,文学是可以教育的,音乐就是喜欢。所以这里还有很多我们对音乐的认知的成分。他们少年时喜欢的东西,等到成年之后去写作时会在潜意识中间不断地去反溯,一次次去碰触它。所以这也是个有意思的东西。这种类型的作家,他们更多地愿意回答自身的问题,会面向自己一点,往后靠一点,去回答社会问题的欲望不是很强烈。

❀ 写作者要保持一种相对古怪的自信心

❀ 简洁:因为您曾在广告公司待了很长时间,不少人揣测您之后的写作是否会往都市小说发展。

❀ 路内:不太会。以前就有人说,你能不能写点都市题材,甚至我的一些从事影视业的朋友也会说,这个可好卖。实际上对一个作家来说,如果我始终要写长篇小说的话,我不会把我的小说一定要定义到"都市小说"。这二十年一直都在说中国需要都市小说,农村小说落后了,我觉得还真不一定。如果将文学作品类型化,我觉得这二十年也没有什么特别好的都市文学作品。有句话说得蛮好的,现在不是讲中国故事，而是我们怎么去理解中国故事。大家理解可能不一样。但从我的角度来看的话，一部长篇小说它要能够覆盖很多，不能只是覆盖一个城市。你光理解中国都市，不理解中国农村、城镇的话，写中国小说是写不好的。

简洁：听说您写作是不打提纲的？

路内：对。一个长篇如果你不盘熟的话，还打提纲，那就别去写；写的话这个提纲得自己背出来，如果有一天老了或者脑子不行了，那再写提纲是另外一码事，现在还能记得住。写小说还是不打提纲为妙，当年狄更斯写小说那都是连载的。我真觉得狄更斯是不打草稿的，想到哪儿写到哪儿，大体心里有一个数，这个人物怎么起怎么落，但再往下写的话，有时会超出自己的意料之外。写得出来的时候，可以说是因为打了提纲，但当写不出来的时候，打一百遍提纲都没用。

简洁：您创作最舒服的状态是什么样子的？

路内：那是2011年、2012年的时候，我已经出了三本长篇小说了，而且还拿到了一些小小的文学奖，但当我写第四部长篇小说的时候，那一年没有任何人来找我采访，没有任何书展邀请我参加。这个世界就好像把我忘记了，忘记了我还会写小说。因为通常我出一本书，多少还是会有采访什么的。那一年真没有。

路 内

☾ 简洁：就写《花街往事》的那一年？

☾ 路内：对，就这一年。就是闲晃的一年，我就特别开心，也没什么要紧的事，什么也不重要，这时小孩大概是上幼儿园了，就直接送到幼托班去，每天家里三个不上班的大人，让一个小孩朝九晚五，那小孩就每天哭着不去幼儿园。然后我就在家写东西，就这样一个状态。我觉得很好，一年就把这书写完了。中间还反复了一次，觉得写得不好就推翻了，你现在让我写十万字，如果一下子推翻的话，我会没有勇气再去写了。当时还有这个能力，自己跟自己还能较个劲。

☾ 简洁：您有写作上的焦虑吗？是怎么处理的？

☾ 路内：有的。写不好，写得慢，这一段始终写不精确，就只有慢慢写。每天打开电脑就对着看，也不写，就一遍一遍地看，给它"开光"。你写得越长，需要看的时间就越少。

☾ 简洁：您说过写小说给您带来的是文学荣誉，但是"世俗荣誉的话，不好意思，你到别的地方去找"。现在还有去找世俗荣誉的野心吗？

☾ 路内：没有。是这样的，其实文学荣誉一定会带来部分的世俗荣誉的。你说今儿某作家拿了一个文学奖，那他就一定是被大家认识的。这就是波拉尼奥作为一个文学青年始终对这个问题耿耿于怀的原因。波拉尼奥始终在质疑拉美的那些作家，《美洲纳粹文学史》就在讲这个。你拿文学荣誉去兑

于是
> 我问我的心

换了世俗荣誉,这其实是一个结合,但是作为一个清醒的作者,最好把这两个事分开看。虽然对于一个普通读者,他不接触文学圈的话,他会觉得拿文学奖不就是钱和地位,其实不是。把这两件事情混为一谈的话,很容易就变成波拉尼奥书里写到的那些人,就会很糟糕。

简洁:您之前谈故事的重要性时说,故事固然重要,但是最能体现作家能力和价值的一是风格,二是眼界。这个风格和眼界如何形成?

路内:风格的形成是一个作家自发的过程,题材、方式、写作的节奏,甚至他真人讲话怎么样都是他总体风格的一部分,它不是固定的,所以这个问题很难回答。眼界的问题倒是固定的,就是一个作家怎么去看这个世界,他对文学的理解有多深刻,他的政治意识形态怎么样,他对人的理解是什么样,一下子就能看出高下。

简洁:可不可以这样理解,您创作的欲望不是要讲述一个故事,而是借人物来表现一种自己的世界观?

路内:应该这么说,重视故事的作家更没有自信心。因为对一个能拿出好题材、讲出好故事的作家来讲,故事根本就不算什么,只有没有故事的人才会天天念叨故事。有故事的人要重视的是我要怎么把它写好,我怎么来写它,而不是说我要有多少故事,是不是这个道理?

◎ 简洁：最后，能和我们分享一下，在漫长的写作过程中如何保持勇气？

◎ 路内：我觉得写作者始终要保持这样一种相对古怪的自信心：东西写出来不一定是好的东西，但是先写出来试试看吧，就像一个天天要去上班的人，你每天得激励自己，你不激励自己的话，这个事情就是遥遥无期的。我手头的这个长篇，当我知道要写四年，我肯定会很怵。现在写到二三十万字，可能大概到四十多万就打住了。再删掉一些，最后肯定要重新修改。保有一种很愚蠢的自信心对作家来讲还是必要的事情。

◎ 后记：关于辞职去写作

我采访的作家越多，越清楚的一点是：不上班是成为作家的必要而非充分条件，也许有人辞职之后仍然没有写出什么，但真正想要写出什么的人，在写作能带来足以养活自己的收入时，做的第一件事就是辞职。

最近又想起这个不上班理论是整理路内的采访时。因为他在广告公司十二年的工作经历，常给人一边工作一边写作的错觉，他在广告公司工作的同时，写出了成名作《少年巴比伦》。成名后他成为上海作协的专职作家，"每月固定领一笔工资，然后再写写稿，基本也就能养活自己"。

采访路内那天，是深圳书博会期间的一个下午。我前一天晚上没有睡好，到酒店大堂咖啡吧时，他也才睡醒从楼上下来，两个人分别要了浓茶和咖啡驱散困意。也许是因为状态不好，虽然聊的内容很充实，但采访完之后我感到一种前所未有的失落感。

在回程路上我仔细想了这种超乎寻常的失落感来自何处，印象深刻的一段是，我问他最舒服的写作状态是什么样的，他说是写《花街往事》的那一年。他说这一年是闲晃的一年，他就在家写东西，小孩每天哭着不去幼儿园。

我理解这种舒适写作的状态，但同时失落感来源于，这是离我太遥远的生活。那种看着小孩哭着去上幼儿园的好笑，其实是一种对于创作来说非常奢侈的闲适。那一刻我真实地感到了一堵墙，有时间创作的人，越来越好，没时间创作的人，越走越偏。

我心里有八九成确定，如果赋闲在家，我是会属于那种最终什么也写不出来的人。在工作的推动下还能写一些文章，在毫无压力的情况下，就更写不出什么了。但明明知道这样，还是会不停做着白日梦。看着边工作边写作的样例，一个个地熬到可以凭写作养活自己的时候，我想问的，也许并不是如何能平衡写作和工作，而是如何忍受那段不知何时才会结束的，看上去两者在恶性循环的时间。

在我采访过的人物里，路内是对写作题材特别专一的作家。这很容易让人误以为他的写作过于单薄，但如果和路内聊中外文学史，你会发现他阅读的广度和深度。他只不过一直在写能让自己保持写作冲动的题材,有时候能找到一个能让自己一直写的内容,其实就足够成就一位作家。

在采访之后很长一段时间,路内所说的关于写作的一些内核,我都在写作时反复想起,这些对话让写作变得轻巧起来。比如,他直言故事根本不算什么,重视故事的作家更没有自信心;有故事的人要重视的是要怎么把它写好,而不是说我要有多少故事。对于成天在寻觅题材,觉得自己没有内容可以写的人来说,大概如同当头棒喝。比如他主张写小说还是不写提纲为妙,如果心里没有盘熟,那干脆就不要写。但同时,这种轻巧之前,又立着厚重的条件:一个作家的眼界——他怎么去看这个世界,他对文学的理解有多深刻,他对人的理解是什么样,一下子就能看出高下。

而当这位深谙写作又举重若轻的作家,也承认自己有写作的焦虑时,我在心里偷偷地松了一口气,写作并无捷径。听着他告诉你,写不好,写得慢,这一段始终写不精确,就只有慢慢写。每天打开电脑就对着看,也不写,就一遍一遍地看,给它"开光"。你写得越长,需要看的时间就越少。

从这个角度来说,我不应该那样失落,人们总是把希望放在没有得到的东西上,其实是一种心理安慰。而实际上,我们所能做的、需要做的,从来都是开始写而已。

绿妖 | 写作是适合内向者的生活方式

绿妖 作家。著有《北京小兽》《阑珊纪》《沉默也会歌唱》《少女哪吒》《如果可以这样做农民》《我在故宫修文物》等。小说《少女哪吒》被李霄峰搬上电影银幕,入围韩国釜山电影节"新浪潮奖"。

绿妖

如今，写作对我意味着更多，它督促我放下手机，六号线换十号线到图书馆日日静坐，养成上班一样的纪律与习惯。我学会不依赖灵感，依靠每日的惯性、写作的纪律去写，这很重要，稳定的工作状态带来习惯，习惯成为定力；它督促我放下电脑，放下小说，反身回到生活，去体会生活能给予的震荡不安与清明不惑。

——绿妖《少女哪吒》

原本第一次见绿妖的时间，应该是在更早的2016年，那次她来深圳在西西弗书店的活动因暴雨航班取消而未举行。

到2017年采访她，她来时深圳的天气依然是阴雨绵绵。航班晚点，到达时已经深夜，我们找了家粥店坐下。她的衣服非常简单，因为她现在练咏春，挑衣服的标准只有一个：方便踢腿。

这样的绿妖，和我印象中是有一些出入的。

2015年，她的小说《少女哪吒》被搬上了电影大银幕。我去图书馆借这本书，薄薄的一本，枣红色封面上只有干干净净的白色字体。一翻开，里面是来自城郊接合部县城的少女，痛苦敏感决绝的青春期。她的女主角几乎都叫李小路，她们有着不同的故事，相同的是底层小人物的挣扎与成长。

这本书的作者简介写着：绿妖，县城青年，现居北京。做过工人、时尚编辑、电台主持人、老师等。

这是绿妖自己写的，"县城青年"这个词被时尚杂志同行黄佟佟笑："太实诚了，我可不会写出来。"2017年，《我在故宫修文物》一书对她的简介则是，"绿妖，时下最好的非虚构作家之一"。

她从虚构写作转变到了非虚构写作，大概就是我感受到的不同。

2016年，她走访了六十余位农民，十余个民间团体，用七个月写出了她的第一本非虚构作品《如果可以这样做农民》。学者梁鸿在给她的序中评价道："绿妖文弱，有一颗文艺青年的心。文艺青年，在今天的社会意识里面，成为矫情、苍白、可笑、不切实际的象征。但是，也正是这样的文艺气质，这样的理想主义，才使得绿妖能够超越身体的弱小，走入大地，实实在在去看见、考察大地生活内部的运作和肌理。并且，一针一脚，朴素地为我们呈现出来。"

对于绿妖来说，比起社会意义，非虚构写作给她带来的改变则朴实得多——这让她走出家门，被迫走入真实世界。

她选择写作作为职业的理由，是因为不用倚赖他人而存在。"写作我只要要求我自己，我写好了，这个作品就是一百分。"而今天回看，她觉得那其实是一个社交障碍症的宣言和独白。但真实世界本身包含了一切不完美和让你烦恼的人与事，人必须走入他们，因为这才是生活。

过滤了烦恼，也就阻断了生活——绿妖说，这是非虚构写作教会她的道理。

绿妖

☯ 特别的内向会导致自我隔绝

绿妖说自己有社交障碍症并非夸张。她形容自己是一个无时无刻不处在焦虑中的人。而精神上的紧张会导致身体上的紧张，哪怕是要好的女性朋友碰触到她的身体都会让她全身僵硬。

绿妖最焦虑的一段经历是2001年她刚到北京做时尚编辑的时候。时尚编辑要八面玲珑，要搞定各种事，而她是勉强自己"戳"在那里。在以前的采访中她曾说过，自己是个特别慢、特别笨的人，有脸盲症和数字焦虑症，是路痴。这样的人是可以混在正常人群当中假装若无其事地活下去，但想成为精英，出人头地，或者在时尚界混出来就非常难。绿妖说自己那时一度受困于成功学的价值观，直到发现自己不适合。

现在问起那段经历对她的影响，绿妖说最直接的影响是可以写时尚女编辑的故事，即她2012年出版的《北京小兽》，而"更深入的影响谈不上"。当时的书名是周云蓬定的，书中的女主角李小路孤零零从县城到北京，和绿妖一样。

对自己的内向，绿妖觉得是一个缺憾："特别的内向会导致自我隔绝，不太跟外界交流，所以我从身边生活吸收东西特别慢，不能直接变成我的养分。"尽管如今已经接纳了自己的内向，但她还是觉得遗憾，"不然我可能写得会更多。"

她的内向却在写作时得到纾解，文字中认识的绿妖沉静而妖娆，色彩丰富而热烈。作家韩松落曾这样形容她：看绿妖小说，犹如在画廊里一次看齐画家各个时期的画作，蓝色时期，玫瑰红时期，白色时期，各种华丽、明亮、狂喜、轻倩的颜色一时汇集满眼，只是，那画廊的墙壁，永远是暗色的灰，沉沉的棕，拖住所有的颜色，不让他们失控。绿妖身体里那个受困的灵魂，就是这样为她笔下的所有爱恨奠定了结实的底色。

这样的文字比起她异乎寻常的内向来，好像才配得上她的笔名：绿妖，一只绿色的妖精。

绿妖这个笔名，化自王小波的《绿毛水怪》。人人都以为王小波之于绿妖，是木心所说的"精神血统"的关系。但绿妖说，除了王小波之外，她更重要的精神上的血统应该归之于契诃夫和犹太裔作家马拉默德。他们总是写一些特别普通的，被侮辱也被损害的小人物，他们在底层被轻视、被碾压，但是在被碾压的过程中有一种人性的光彩，慢慢透露出来。

剖析人是一件危险的事

与契诃夫和马拉默德相比，绿妖的文字色彩太重了。这也许就是她自己说的，对于写作，她担心的不是枯竭，而是过分浓烈的感情，如何做到尽量节制地表达。

这种节制，在绿妖的两本非虚构小说里得以体现。那种一眼就能认出的"绿妖体"被藏了起来，她在有意识地这样做，她认为非虚构作者的个人色彩不应该特别突出，"如果大家留下这个作者太能写了，太文采飞扬的印象，那这部非虚构作品是失败的"。

绿妖

比起写作技巧，她觉得跟大师学到更多的是看世界的方式。"当你剖析人的时候，其实是很危险的。你容易变得很刻薄，因为你要用到你的聪明和理性去剖析一个人，这对写作人来说也是一件危险的事情——它会把你变得刻薄。但是我喜欢的这些大师，他们在做这些事时，一方面拥有冷静的理性去剖析这个人，一方面他们又拥有人的温度。"她思考了一下，举了个例子，"我们的非虚构或特稿写作，出来了一批人，有一种风格——用手术刀去剖析对方，就是特别狠的写作方法，特别无情特别狠，读者看了可能会觉得特别爽。但是我觉得这样的文章容易引发戾气。"

对于绿妖来说，非虚构写作带给她的不是戾气，相反，会让她处在一个比较平和安定的情绪里。之前小说中那些青涩的、倔强的、炽热的、反抗的情绪在这里都被安定下来。绿妖觉得，这和越来越会与自己的情绪相处有关。

"以前很多时候人是拧巴着的，很多时候我们愤怒、敏感，是因为我们不知道为什么。"这种攻击有向外的，也有向内的，绿妖觉得自己的攻击都是向内的。"我没有怨过别人，但我可能在长期地怨自己：为什么这么不争气，为什么不能做一个长袖善舞的人。现在要好很多。"

回想起来，写作对她这样一个特别内向的人是个特别好的疏通的方法，"这就是沟通，就是在和自己说话，我现在可能会通过另外的方法，保持对自己情绪的觉知和观察。知道纠结的根源时你就不纠结了。"通过写作，她完成了对自己家庭和故乡的梳理。《沉默也会歌唱》是对原生家庭的梳理，而《少女哪吒》是对故乡的梳理，这是有层次的，在她看来，这种梳理是一种自救。

练咏春则是她的另一个放松方式，一定程度上克服了她的社交障碍。咏春要练习，就要黐离手，随时随地要捋起袖子盘手，反而就把身体上的紧张松下来了。"张三李四王麻子你都要跟他盘手，没时间紧张，我什么时候跨出了这一步我都不知道。"

现在绿妖的状态，大概就像她自己说的：现在对自己的年龄没有感觉，无所谓青春期或中年人，只是作为一个人，一个写作者，一个致力于认识自己的人活着。不过比起之前会更自如，更放松。

我还记得绿妖在自己十年前的小说《阑珊记》序言里写道："在我的小说里，女人都活得十分吃力，她们大多并不美貌，显得有点笨拙，但都十分强悍，足够坚韧，因为她们要求得多，尊严、自由、独立、品质好的生活，她们必须为此付出代价。"我很愿意看到一个付出了代价的人，能够换来她想要的生活。

◎ 简洁：《我在故宫修文物》是您近年来第二次非虚构的创作尝试，在写《如果可以这样做农民》时，您说问过为什么会选择您做这个工作，这次在接手这个工作时，也会有这样的疑问吗？

☙ 绿妖：这次没有。采写这种传统手工艺，也是我自己的一个兴趣方向，我之前也在西藏做过大半年的一个民间手工艺的采访，只是那个没有写成书。编辑杨晓燕找到我的时候，我就没有觉得这个跳出了我的范围。但是刚开始的时候我没看过这个纪录片，编辑说有个纪录片特别火，要做电影，他们现在要出书。我就觉得很火也跟我没关系，我以为要出一本影视书，还把她驳斥了一通。后来我有两三个女朋友都看过这个纪录片，他们说你看一下，看了你就愿意了。多亏了我的良师益友，我看了之后发现的确就是我感兴趣的方向。

☙ 简洁：从事非虚构的写作算不算您的一次转型？写这本和写《如果可以这样做农民》在心境上有什么不同呢？

☙ 绿妖：我现在想多尝试这方面的写作。农业那本说实话我是硬着头皮写的，我之前对农业毫无积累，所以真的是有一种纳税的心态，应该有人写，我写也可以的。而故宫这个是我喜欢的题材，本来就是我的兴趣方向，所以写的时候是很欢快，很愉悦的。

☙ 简洁：您怎么看《我在故宫修文物》这部纪录片及其后续引起的这种热潮？

☙ 绿妖：物极必反，在这样一个机械化、信息化、电脑化、快速化的时代，人们又会对手工的、缓慢的、传统的事物产生乡愁。在我们国家，从经济学的角度来看工业化淘汰了手工业，但可能在其他国家，比如意大利，他们的手工业并没有被彻底淘汰，反而升级成很高档的一种特产，或融入了工业的一部分。现代化的建设并没有以摧毁过去为代价，他们在过去的基础上慢慢加盖一个东西，盖得很牢固。它是一个连贯的过程。我有时还想在我们过去的废墟里找找。

简洁：说到乡愁，您之前说过，在北京生活的现实让您发现滋养自己写作的其实还是故乡。现在依然这样看吗？

绿妖：乡愁指的不是把自己束缚在一个具体的地方。像我刚来北京时觉得自己就像一个北漂一样，又爱又恨又离不开，就像谈一段很糟糕的恋爱一样。但是我后来觉得我可以离开了。我还是很喜欢这里，也随时可以离开。我从北京这个具体的城市解脱出来了。古人说"心所安处是故乡"嘛，我在传统技艺的方向觉得很安定，很舒服，我觉得这个领域就是我的故乡。

简洁：在和史航一起的直播中，您谈到故宫里的那些老师傅说，"有些原则不仅是出于外界的约束，同样来自内心的准则，是自我的戒律"。您自己有没有这样的内心准则？

绿妖：我觉得当然应该有。尤其中国人传统文化里就有这部分，不论是格物致知还是修身齐家，一个人的基本修养是从修身开始的。传统里一直对个人的修养是有要求的。可能到现代很多人越来越不是很在意这方面了，以至于我们在师傅身上看到这点就会觉得很稀少、很珍贵，其实这本来就是中国文化中的一部分，它不是法律要求的，它是文化的一部分。

☾ 简洁：在这本书里"绿妖体"并不明显，您是有意淡化自己的特征吗？

☾ 绿妖：从《如果可以这样做农民》那本书开始我就已经有意识地这样做了。非虚构和虚构不一样，小说别人不可能求证，因为这是你的主观世界，但是非虚构不可能，这里有什么你才能说什么，不能编造，不能虚构，这是两者最大的差别。非虚构的作品，作者应该尽量向后站。你应该让大家看这些师傅太棒了，向往他们的世界。不应该让大家记得作者有多文采飞扬，不要喧宾夺主。

☾ 简洁：之前您的小说《少女绿妖》被改编成电影，赢得了不错的口碑，但您却说您还是要做坚定的"拥护小说派"，没有考虑过向影视发展吗？

☾ 绿妖：对啊，我没有特别想介入这一块。本来说的影视IP应该是网络大神级的，拥有了很大级别的粉丝量的。但现在网上的排名是可以买的，形成一个产业之后，就可以刷这个排名，搞得好像遍地都是IP。但最早电影界称为IP的是指像《鬼吹灯》这样的作品，本身已经有强大的粉丝基础的作品。像我们这种不能称为IP，只是小说被改编成了电影。

于是
我问我的心

- 简洁：您说过"在书写自己和表演自己之间有一条线，我经常会感到自己临近那条线，就再把自己往回拽一拽"，怎么判断自己接近这根线了？
- 绿妖：有些事是不可言说的，你知道心里这根线绷着就行了，但是具体要说纬度多少，经度多少，可能说不出，每个人的线不一样的。我会比较警惕，我觉得表演是一个大坑，跳进去了就爬不出来。而且写作者是对很多人说话的职业，对着一个特定的群体本身就有表演性了，如果再不收敛，就很容易夸张。因为人本身的虚荣是很难克服的，不知不觉就过了，但你不知道。

后记：与刻薄保持距离

我刚到第二家杂志社的头一周，第一篇要写的文章是介绍自己为什么来到这里。当时写得满心真挚，像是要把心剖开给人看。编辑部主任却说：我没想到你会提到席慕蓉这么老土的作家，整篇文章很矫情。

后来我每次想到这次对话，都觉得是轻舟已过万重山。之后我听过更难听的话，更过分的点评，但落泪只有这一次。其他编辑和我分享经验说，每个人都是这样过来的，一代代的编辑经过了这样刻薄严苛的洗礼才能迅速成长。前辈们被这样对待过，又再来这样对待我们，而这样被对待的编辑，又会再这样对待作者。

绿 妖

这样直接且毫不留情的手术刀式的剖析也体现在人物稿上，我写杂志的第一篇人物采访时，采访的是我的同学。采访完之后我们两个几近翻脸。因为我的主任一直要求，要挖出人物内心最不愿提及的事，掀开他用于遮掩的幕布，毫不留情地评价他的价值选择。因为这样才真实，这样的稿子才"好看"。

内心不是不抵触的，但又不得不听从，我花了一年的时间在不适感和顺从之间找到平衡点。

直到我遇到绿妖。

我很欣赏她，她将青春爱情写出了严肃文学的质感。我问到她写作的"精神血统"，她说是契诃夫和马拉默德。

当绿妖在讲述契诃夫和马拉默德如何写人物时，我之前的困惑像是一个脓包突然被挑破："当你剖析人的时候，其实是很危险的。你容易变得很刻薄，因为你要用到你的聪明和理性去剖析一个人，这对写作人来说也是一件危险的事情——它会把你变得刻薄。但是我喜欢的这些大师，他们在做这些事时，一方面拥有冷静的理性去剖析这个人，一方面他们又拥有人的温度。"

那一刻我意识到，在我所在的媒体环境中，也许已经习惯了这种以刻薄为荣的处理方式，显得冷静、理性、专业。我没有勇气去指责这刻薄，因为这样的文章真的比较"好看"。但我没有意识到，在这刻薄之上，有更好的选择：要有理性，也要有人的温度。

刻薄当然是不好的，甚至是危险的，以刻薄示人并不值得沾沾自喜，这是文学大师们时刻在警惕的事。

于是
  我问我的心

  与其说刻薄是一种才能,不如说是一种剑走偏锋。听到绿妖最后的总结,我终于可以有底气坚定:一个好的写作者,应当远离刻薄——无论是为了写出更好的文字,还是为了成为更好的人。

马伯庸　我写作的全部目的，就是为了有趣

马伯庸　作家。1980年生于内蒙古赤峰。曾获人民文学奖、朱自清散文奖、中国科幻银河奖等奖项。代表作《古董局中局》《龙与地下铁》《长安十二时辰》等。

马伯庸

你问的问题越多,就会发现你的恐惧越少。恐惧来源于未知,而很多时候未知只是因为我们太过惊慌而忘记去思考。当理性开始发挥作用的时候,你就会发现,很多可怕的意象根本不足为惧。

——马伯庸《我读书少,你可别骗我》

采访马伯庸是2016年，刚好是他辞职后专职写作满一年的时间。在此之前，马伯庸在我看来是一边上班一边写作的榜样，他工作的内容和写作几乎毫不相干，两者之间并没有相辅相成的作用。

采访时，问起他决定辞职的原因，他直白地说，《古董局中局》的版权卖出去了。

对于写作者而言，一边工作一边写作，当然不如全职写作好，这是平实的真理，但等待时机成熟也非常重要：不是日子的流逝和存款的减少让人心慌的时候，而是要在你可以靠写作者的身份维持和社会的联系的时候。不然，这辞职的决心便没什么意义。

钱锺书在《围城》里写过，"年轻的时候，总是把创作的冲动误以为是创作的才华"。创作的冲动不可避免会导致一些想法和决定的冲动，与冲动对抗，认清自己的能力，等待成长，对作者来说大概也是非常重要的一件事。

于是 我问我的心

🌀 文字鬼才

2015年时，在知乎搜索马伯庸，有89个精华问答。在"马伯庸是谁"这条问题下，他自己给的答案是"低压配电行业从业人员"。比起出过的书，写过的段子，他更倾向于用工作定义自己。

如今这个答案已经不再适用。采访马伯庸时，他看上去比还在工作时至少年轻了五岁，比约定时间早到了些，说先四处逛逛，扎进看书的人群里，黑色双肩包和黑框眼镜竟还有点学生气。

他辞职的时间，在大家看来是有些晚了。2012年以前，他的名气就因微博呈爆发式增长，他的段子以机智、冷幽默和高质量而闻名，打开了段子手的一个新境界：段子手居然这么有文化，以至于看个段子都要带智商。

比如他坚持了一年的花式吐槽周一上班的不情愿：

人们在描述一段工作时期时，最常用的计量单位是"周"，比如"一周""两周""本周""下周"，等等。为什么要用周而不是用商、秦、汉、唐、明、清呢？因为周朝的存在时间差不多是八百年，一周给人的感觉，差不多就是这么长。

周一一大早，诸葛亮多赖了三分钟才下床，迷迷糊糊来到丞相府，揉揉惺忪睡眼，发现脑子是木的。他铺开白纸，愣了半个时辰，才不情愿地缓缓写下"出师表"三字，继而又写道："今天，下三分，一周疲弊……"

马伯庸

如果每个名字都对应一个条件反射的话，提起马伯庸，我的第一反应是会心一笑。

江湖上，马伯庸被称为文字鬼才，有摘叶伤人之功夫，善挠文青之痒处。而对于马伯庸迟迟没有走上网红致富的道路，他的读者半开玩笑地说：因为他过于沉溺在文中炫耀自己的学识，忽视读者的阅读感受，所以他上不了作家富豪榜，真是一万个活该。

从脑洞到执行

事实上，对于把自己定义成作家，马伯庸一直保持着审慎的态度。

直到2013年，已经出了十几本书的他，在接受采访时还这样说："我不觉得自己是什么作家，准确来说，我甚至还不算是一个写手。我被大家知道不是因为我的小说——在这方面我只能算三流——而是我的恶搞。我在这方面还算有些天赋，写了些让人看了觉得荒诞的东西。如果非要说我是什么人，那么就说'业余文学爱好者'吧。"

他对自己工作的公司相当有感情，这是他毕业后的第一份工作，也是唯一一份工作，一待就是十年。"一个人如果愿意在一家公司停留十年，那么一定有工资之外的理由。"马伯庸这样说。

他说这家不是狼性文化的企业，让他待得很舒服。工作时，马伯庸就像一个勤勤恳恳的上班族，每天没完没了地做PPT，制作让人头痛的标书，甚至还总结出不少实用的职场经验。

相比文字上天马行空的恣意和抖机灵，马伯庸在工作上最看重的品质则朴实得多——勤快和细心。

在某种意义上，马伯庸其实是个保守的人，但他保守的生活却过得非常有趣。很大程度上，这也归功于他的勤奋。这点首先体现在他从不让脑子闲着，就算在上下班拥挤的地铁里，他也做着自己的思维训练。

"不想让脑子无聊的话，就给它想出很多命题，比如，如果地铁变成龙的话会怎么样。"马伯庸在地铁上的脑洞最终被他写成了一个故事，他曾这样描述最开始设想的情景："甚至这部地铁本身，或许并不是地铁，而是一条龙。每天都在暗无天日的隧道里穿行，只有在晚上十一点地铁停运之后，这条龙才能停下疲惫的身躯，从隧道的洞口爬出去，昂起头来看一眼睽违已久的天空。我就这么坐在地铁里，在城市的腹心穿行，一直到达我旅途的终点。"

他经常会设定一些很荒谬的前提，然后慢慢推演，时间长了就养成了一种思维方式。这种思维方式，可以追溯到他少年时从内蒙古到上海的十三次转学经历，因为频繁转学，"跟班上同学感情没那么好，一下课他们就在一起玩，我只能自娱自乐，所以就自己看书，想想好玩的东西"。

也许正因如此，马伯庸特别善于从无趣中寻出有趣来。之前他看到施耐德电气的官方历史，觉得太枯燥了，于是挽起袖子查了一番资料，从拿破仑三世到李鸿章，从一战二战到改革开放，把公司发展史掺着各种八卦重新写了一遍。后来招聘的同事跟他说，来应聘的大学生说话都和他一个样，全是看了他这篇文章之后来应聘的。

马伯庸的脑洞之大，常让人拍案叫绝。有人评论，有些人的脑洞就只是脑洞，他的脑洞则最后能转化成生产力。从脑洞到执行，我问他最重要的是什么，他把手一摊："勤快，肯定是勤快。"

我也想尝试一下自由散漫的生活

但马伯庸不让脑子闲着的习惯，也许还有点副作用：他比一般人更不能忍受无聊，脑子里会多线进程处理一些事，别人也很难找到他感兴趣的点。

他说："我写作的全部目的，就是为了有趣，其他效应仅仅只是它的附带产物。"我随口接上："您之前一直上班，其实是想保持写作作为兴趣而非工作的状态吧？"听到这句话时，他和我有了第一次认真的眼神接触。

这一年，马伯庸首先要面对的，就是正视成为职业作家这件事。

三十五岁之后，马伯庸的人生目标有了些许不同。2015年，他被检查出疑似肺癌，虚惊一场，但他说这和辞职没关系。辞职的前两天，他看到一条新闻，休·杰克曼在《金刚狼3》后将拒绝再演金刚狼。问及原因，休·杰克曼说："我已经快五十岁了，也想尝尝甜食的味道。"为了保持金刚狼的身材，这么多年来他一直有着严格的健身和饮食计划。

马伯庸说他的理由也差不多："我已经三十五岁了，也想尝试一下自由散漫的生活。"

就算辞职之后，马伯庸也不在家里写东西。"家里没有书房，也没有给我一个写作的空间，我都是出去找咖啡厅写，就想保持一个上班的状态。当我出门就是我去上班了，当我踏进家，就把工作全丢一边，踏踏实实地休息或玩。"他认为他现在最好、最有趣的作品，是他的儿子马小烦。

在这个网红就是生产力的时代，马伯庸并没有像人们预料的那样，去创业，或是搞出个什么互联网思维的玩意儿。他说，"我这个人身体太懒，脑子太笨，光是管好自己就得付出全部精力。"十年的职场生涯，他得出的最大启示是，不要去碰自己能力极限以外的东西。

这一年下来，马伯庸更忙了。采访的前一天，看到高希希将要拍他的小说《风起陇西》的新闻，加上已经在拍的《古董局中局》和已卖出动画版权的《龙与地下铁》，马伯庸的作品俨然成了影视圈热门IP。但马伯庸并没有想要涉足更多的领域，他坚持让专业的人去做专业的事。"你要认识自己不能干什么。我觉得这个比认识自己能干什么更重要。"

马伯庸

- 简洁：您被称为"文字鬼才"，在历史和现实间架构了一个天马行空的世界，展现了惊人的想象力。可以和我们介绍一下您的想象力是怎么培养的吗？

- 马伯庸：我最喜欢的一个命题是，如果我在沙漠中发现一整块十吨重的黄金，该怎么办？通常的想法是，我发财了。但其实从这个命题到真正发财，还有一段距离。这种想象要尽可能细致，细致到每一个动作，要考虑到每一个可能产生的意外。你会发现，事情没想象中那么简单。如何运输出去？如何在沙漠中把十吨黄金切割成可运输的大小？返回城镇以后，如何卸货？如何存放？怎么找买家？钱是分开存在哪几家银行？你会想得越来越细，像这样的命题我可以想一天。

- 简洁：您说过："我写作的全部目的，就是为了有趣，其他效应仅仅只是它的附带产物。"但做到有趣其实挺困难的，您是如何保持这种"有趣"的创作态度的？

- 马伯庸：我觉得还是靠对东西的喜欢程度，对文学和想象力的热爱。当你喜欢时，就会觉得特别有意思，不需要别人督促你去做这个事。就觉得很好玩，很开心。文字是特别诚实的，当你写这个东西觉得特别开心，特别有趣时，一定能在读者中得到共鸣。勉强去做这件事是很难的。

于是
　　我问我的心

- 简洁：但是您讲起被催稿的时候也是——
- 马伯庸：那是另外一个领域的话题了。这主要看你心态了。很多人觉得史书很没劲，像我之前读陆游的文集，读得很累。但我后来发现他诗里很多写猫的，给猫起各种外号，各种亲密。我觉得这种东西和现代人是有共鸣的，那我觉得这个陆游就很有趣了。因为大家都觉得他一本正经的，爱国老诗人，但没想到他其实是一个铲屎官，像他写《十一月四日风雨大作》，"夜阑卧听风吹雨，铁马冰河入梦来"。其实同一天他写了两首，第二首最后一句是"我与狸奴不出门"。外面风也大雨也大，我就裹着毯子，烤着火，撸着猫，原来我以为您忧心忧国在屋里哭呢，想不到你是挎着猫在说这种爱国言论呢。一下子这个人就变得很丰满也很有趣，讲给别人听，别人也很开心。

- 简洁：之前您曾被误诊虚惊一场，在这之后对人生有了很多新的感悟，想法也有了一些改变，辞职是否也是这种改变后做出的决定？
- 马伯庸：我是觉得那个时间点还可以，因为辞职这个事，也是要看时机和心情。那个辞职时间我并不后悔。我觉得在公司也有公司的乐趣，接地气，平时能看到最普通的这些人，他们喜欢什么谈论什么，因为如果在家里的话，我平时出门开会吃饭，都是跟文化圈和影视圈的人，他们是有一套风格的，跟普通人之间是有距离的。所以我还跟我以前那帮老同事保持联系，没事一起吃个饭，聊聊天。改变还在延续，更注重养生。我是等没事儿了才说的，因为我觉得有事儿了说吧，就变得特别矫情，是让大家捐款还是让大家来安慰你啊？以后你说什么话都很麻烦。结果出来之前我想的是，查出来就查出来了，这东西也改不了。

❤ 简洁：您底子里是乐观主义的人吗？

❤ 马伯庸：我底子里是悲观主义者，我会把所有倒霉的事都想在前头，当时检查时我就问医生，最坏是什么结果，医生说五年内存活率百分之八十，因为当时判断是极早期。那最坏对身体的损害呢？就切掉一半肺，能活。我说那行，能活就不错了。我就踏实了，别告诉我明天就挂了。看见底我就踏实了。看到最坏的情况怎么样，所以我理论上是悲观主义者。

❤ 简洁：您辞职之后的生活有什么变化吗？

❤ 马伯庸：反正比上班还忙，但比上班时至少年轻了五岁，因为上班每天要早起啊。现在每天时间就属于忙归忙，但这个忙我可以控制。我想今天忙，就把事情全做了。如果我觉得今天好困，就睡过去了。上班确实是很折磨人的事。

❤ 简洁：您说过，"二十五岁到三十五岁是人生最黄金的十年，在这个阶段变数大于定数，机遇多过困惑，老天爷把最多的可能性摆在你面前，并让你以最好的状态去选择"。能

于是
我问我的心

以您到目前的经历，给年轻人在做人生选择时提一些建议吗？

🌙 **马伯庸**：我的经历不具备参考性，比较特殊。因为毕竟不是大家都有勇气辞职，而且外面还有一摊事能养活自己。贸然鼓励他们出去闯荡也是一个不负责任的态度。还是刚才那句话，在这个阶段，对你的选择最重要的是认清你自己做不到什么。有人说，我很清楚我做不到什么，但这也不想做，那也不想做……但不想做和做不到是两个概念，你看我做销售，可以每天去和客户赔笑脸，可以每天泡办公室跟他们闲扯淡，或跟他们天天喝酒，我不喜欢做，但我可以做到。同样地，能做到和愿不愿意做，是两个完全不同的概念，年轻人最好的是他们还可以尝试，错就错了，因为他们还年轻。

🌙 后记：写作的第一步

我在微博上关注着马伯庸的日常，《长安十二时辰》的上半部我就是在他的微博上看完的连载。我和他交流了《长安十二时辰》的地图和情节的一些问题，明显看出，比起聊他本人，聊他的作品他会更感兴趣。

正式采访完，我最大的感受是，和想象中不同。比起"有趣"等标签，作为一个写作者，他踏实、勤劳、平实。采访后，我参加了他面对大众的讲座，面对读者，他又变成了惯常的有趣的形象,讲的内容有趣,讲的方式也有趣,接受大家的调侃,并且在笑过之后回答得让人有所获益。

这两种看似相反的印象中,他身上有什么是一以贯之的,那大概是对写作认真。马伯庸无论是说写作经历,还是说写作心得。仅仅是采访时那不算很长的时间中,他给我带来的启示,就可以让我在写作时察觉到有质的改变。"脑洞到执行力之间最重要的是什么?"最后我这样问他。答案依然朴实而有力:"第一步,打开文档。"当我感到写作过于沉重的时候,想起这句话总会觉得心里一轻,不要想那么多,先做这第一步,才有接下来的所有可能。

马振骋 关于无意义的意义

马振骋 翻译家。1934年生于上海。首届傅雷翻译奖得主。代表译作《小王子》《人都是要死的》《蒙田随笔集》《庆祝无意义》等。著有散文集《巴黎,人比香水神秘》《镜子中的洛可可》等。

马振骋

翻译,首先靠正确理解,其次是适当表述。谈到翻译理论,也应该跟阅读理论与写作理论交织在一起。

——马振骋《镜子中的洛可可》

我采访马振骋先生的那年，他八十六岁。在多次通话中，我已经习惯等待他从家的某一处慢慢走到电话旁，然后沟通采访内容。在谨慎细致地确认问题之后，我收到了他在四百字规格的格子稿纸上的回答。在格子稿纸上的手稿，我在他之前的采访中见过。2014年，马振骋先生在八十岁时翻译昆德拉八十五岁的新作《庆祝无意义》时依然保留了手写的习惯，"翻译是真正的自由职业，一张纸、一支笔而已"——这一点与他从1981年翻译第一本书至今并没有什么变化。

2019年5月，我去上海探望了这位法语翻译大家。在他的译著中，既有《小王子》这样耳熟能详的作品，也有《蒙田随笔全集》这样的巨著。昆德拉的《庆祝无意义》和波伏娃的《人都是要死的》这样的经典翻译也都是他的手笔。

结识这位八十六岁的翻译家的契机，是我之前做了一个讨论外国文学翻译现状的专题，以《小王子》这本有着多个译本的书为中心来切入,而马振骋先生所翻译的人民文学出版社版本的《小王子》就是目前通行的最早的版本之一。

为了做这个专题,我收集了市面上较经典的译本,在比较阅读的过程中,深深为马振骋老师翻译语言之优美简练所打动。审美是一件主观的事,在字与字、段落与段落的比较中,我直观地感受到了简练、准确的文字直击人心的力量。那种对文字的斟酌,比无底稿文学创作更加让人触动,因为你能直观地见识到同样的句意下不同表达所带来的不同感受。文字之精进,在咂摸与比较中显得平实又有冲击力。

有读者说,马振骋翻译好,和他本人气质好有很大关系。气质好的人不一定要在伟大的外国作者身下显智慧,自己写一下就很好看。一句"气质好",可以概括我对马振骋先生翻译动容的原因。如果在网上搜马振骋先生的照片,会看到他穿着风衣,戴着贝雷帽,是早年在法国留学留下的法式优雅的派头。他的书房也布置得很有意思,有着即使现在看过去也又复古又时髦的书卷气。之前和马振骋先生通电话时,我便说,有机会真想去他的书房看看,他欣然邀我去做客。之后有机会去上海时,我便毫不犹豫地去赴约了。

先前的采访是马振骋先生以手写的形式完成的。因为他听力不大好,无法进行长时间的通话。于是收到我的采访提纲之后,便一字一字在四百字的方格稿纸上完成。和他的翻译一样,也是字斟句酌。他一直提出最好可以当面采访他,但又体谅我路途遥远,最后以书面形式完成了出色的采访。而在我终于有机会上门

马振骋

拜访他时，果然聊到了更加细节和生动的内容。不只关于翻译、关于文字的精进，更是关于人如何以自己喜欢的状态做着自己喜爱的事。

☾ 简洁：您翻译的第一部作品就是圣埃克苏佩里的《人的大地》，之后您翻译了他几乎所有的作品，在这之中《小王子》这本书对您来说处于什么地位？

☾ 马振骋：《小王子》这样的书学了一年法文的人都可以看懂，但写很难，要写出这种句子不得了。看着挺容易，所以每个人都觉得自己能够译。但是你要译出里面内容的味道来，那是另外一种事情。就好像"床前明月光，疑是地上霜"，这种句子，好像小学生都能写，其实不是这样。20世纪50年代，我在南京大学图书馆初次见到法语版《小王子》，那是法国演员钱拉·菲利普朗诵的全本录音唱片。1979年，《世界文学》杂志发表了肖曼的译文。到了20世纪80年代人民文学出版社推出了我译的《小王子》单行本。一部作品重要不重要、优秀不优秀，这是可以评价的，但风行不风行则很难预测。有人问过我哪部作品译得最好，我说这要由读者评议。我只能说我译每部书都很认真，全力以赴，就像运动员参加奥林匹克,不会留一手。所以《小王子》在我心中,虽然至今读者众多,从翻译角度来说,跟其他作品如蒙田和纪德的处于同样地位。

◎ 简洁:据说当《小王子》火起来的时候,您"想出的却是一本圣埃克苏佩里的传记",您曾经想要自己写一本,但"觉得自己写出来只能是十万字的薄薄一本,不如翻译国外已经写好的"。如今还有这样的想法吗?您最想让读者了解的(或通过翻译传达的),是作者的什么信息?

◎ 马振骋:我译完《蒙田全集》以后,也译了《蒙田传》。在这以前我确实想译《小王子》作者圣埃克苏佩里的传记,他发表的几部重要作品我都译了,为什么不介绍他的生平呢?何况他的一生充满戏剧性,简直是一部传奇。这个愿望存在有好多年了,只是出版社只想出他的《小王子》,不想知道作者是怎样一个人,没有一家愿意买版权。他有好几部传记,都是有相当篇幅,今天即使有人购买,我也老得译不动了。

◎ 简洁:余中先老师说您把《小王子》简单的语言译出了一些味道来,读者评价您的翻译深邃,很有感觉。在翻译时您的这种个人特色是如何形成的?

◎ 马振骋:说到我有什么个人特色,应该说我尽量让读者去领会原作的精神与风格。我遵循这样的思路:一个字在句子里才有其意义,一句话结合上下文才能明确其思想。翻译不是字与字、句对句的对换。我的翻译要求是让读者体会原作的本意与本色。而不是发挥自己的才华，把原作的色彩涂得浓浓的，自夸所谓超过原作的悖论。要做到这点，必须潜心把原作读透，把它的精神融入内心。以我个人经验，阅读时不要忙着寻找对应的字眼，而是要深入故事的氛围。然后正确的字眼会自然而然出现在笔下。从这点来说，可能就是大家常说的"再创作"。

简洁：在您的"再创作"中，最广为人知的是昆德拉的《庆祝无意义》，这个中文翻译的再创作可以说创造了流行语，可以和我们讲一讲当时这个书名的翻译确定的过程吗？

马振骋：最初这个书名大家就在争论应该怎么翻译，我说我主张叫"庆祝无意义"，然后总编有点犹豫，给我打电话，说马老师他们说改一改。我说不改，它的意思就是庆祝所有无意义的节日，就是生活是没什么意义的，好多事情做了以后结果是白做的，没有成功，做了很大的牺牲，到了最后没有意义。但是，正因为这个没有意义，所以应该高高兴兴地过。

简洁：后来结果证明大家不仅读懂了这个书名，它还成了流行语。

马振骋：对，后来大家懂了，无意义就是要庆祝，现在我们就是说这个日子过得没意义，正是因为没什么意义，有意义都是骗人的，所以庆祝无意义。后来人家问我对这个翻译怎么看，我说我翻译的最得意的题目就是"庆祝无意义"。

◎ 简洁：一本书的书名很重要，您对书名的翻译有怎样独到的见解？

◎ 马振骋：那么还有一本书可以说说，是波伏娃的《人都是要死的》，那时候是二十世纪八十年代，语言还比较"古"的时候，编辑就说叫"人皆有死"，这个也蛮对的。但我说国外这个语言表达很新，不像国内这种不明不白的，人都是要死的，那有新的味道，这个语言也比较现代。还有圣埃克苏佩里的《人的大地》（*Terre Des Hommes*），以人为大地，人就是大地了，这个味道不一样，你说对不对？

◎ 简洁：它原来的词是哪一个？

◎ 马振骋：就是土地（terre），而且没有冠词的，他还有一部小说《夜航》（*Vol de Nuit*），飞翔（vol）也是没冠词的。《哈利·波特》里面不有伏地魔吗？伏地魔是翻错的，它是一个Voler，Voler是飞，应该是飞天魔，刚好反过来了。

◎ 简洁：有读者这样评价《镜子中的洛可可》，"马振骋翻译好，和他本人气质好有很大关系。气质好的人不一定要在伟大的外国作者身下显智慧，自己写一下就很好看"。您的秘诀是什么？

◎ 马振骋：这个问题由我回答是不适合的。在人看来不免自吹自播。读者对我的作品的反应也不完全是好的,网上有人气愤地说:"马振骋译的句子怪里怪气,以后他的书我再也不买了!"主要是指责我用了欧化句。说实在的,我对欧化句不是一味排斥,也不把它们看成是消极的。而且我还大胆说一句,没有外来语,没有欧化句,现代汉语就不是今天这样丰富多彩。外来语与欧化句初次出现,融入汉语之前,的确有些别扭,但是过了这阵子,就会给汉语带来异样的色彩,仅举一个例子,我们常听说:"诗意即翻译中失去的东西。"最初听到非常不习惯,用多了觉得就是这样才显得别有风味。

☯ 简洁:您说过"圣埃克苏佩里的句子很短,用词很普通,但特别有力量,嚓嚓嚓,就像格言那样;杜拉斯就不同,松松垮垮,黏黏糊糊",您翻译时会偏爱短句吗?

☯ 马振骋:长的也可以,长的句子必须有节奏。语言如果有六七个硬件,我也尽量六七个字把它翻出来,不要啰里啰唆的,它干脆我也干脆,它用很平淡的句子,我也用。所以别人翻蒙田一百万字,我翻出来八十万字。举个例句,英文"I put my hand in my pocket",我把我的手放在我的口袋里,这样没错,但是中文就要讲,我把手放在口袋里。

☯ 简洁:您怎样概括您的翻译风格?

☯ 马振骋:我的风格喜欢平直,就平平稳稳,带点幽默。像

《小王子》就是这样。比如飞行员从小画画,画了以后,他说我这张是第一号作品,这张是第二号作品。我当时就想了,"第一号作品""第二号作品"这样翻译不好,应该写"作品一号""作品二号"。这个就好像很自负,是有系列的作品,作品一号、作品二号、作品系列之一、作品系列之二,这样一来就马上看出这个飞行员的性格。

简洁:像这样细致的翻译需要大量的心血和时间,您怎么看现在做翻译的环境?对想做这行的年轻人有什么建议?

马振骋:想做翻译的人,得他喜欢做这些,绝不是为了钱。当初我做翻译的时候,做口译一天一千块,我一个礼拜就可以赚到五六千,假如翻译小说,一本五万字的书才拿到四五千块,那时候五万字你至少要翻半年。那时做口译的公司常常找我,常做的话我现在可能有几十万或一百万,但后来我不常做了,我现在翻译三十几本书,你觉得在银行里数这个钱好,还是在书架旁读这些书好?每个人看法不一样,就现在来说,钱对我没用。

简洁:但对年轻人来说,收入还是很重要的。

马振骋:所以你们要过了这一关,要把目前生活基础都打好,然后够用就可以。要做开心的事情,这是很重要的。但也像蒙田说的,做你不得不做的事情,就要开开心心地去做。我们以前工作都是分配的,你明明很喜欢文学,结果被分配到工厂里去做工,你们还没尝过这个味道。我教你,不喜欢做的事情留在工作的时候,工作之余你要做你喜欢的事情,所以人往往要有个爱好。

☾ 简洁:最后可以给我们推荐三本您翻译的自己最喜欢的译著吗?
☾ 马振骋:我的读者读得最多的是《蒙田随笔全集》和《小王子》。要挑选三部我自己最喜欢的译著,我要从另一个角度来回答这个问题,我选的是纪德的《窄门》、阿明·马洛夫的《迷失的人》和埃马纽埃尔·卡雷尔的《搅局者》。因为我更喜欢译现代小说,内容更丰富,风格更多变,从翻译来说更具有挑战性。

☪ 后记:越过黑夜与星辰

马振骋先生与圣埃克苏佩里的缘分是很深的。就像他说的,许多读者都是读了《小王子》而认识圣埃克苏佩里的,当他们怀着《小王子》留下的惆怅与忧伤去阅读圣埃克苏佩里的其他作品时,会有另一种发现。

他翻译的第一部作品是人民文学出版社出版的圣埃克苏佩里的《人的大地》,书的开头,某种程度也是他的写照:"我们对自身的了解,来自大地,更多于来自全部的书本。因为土地桀骜不驯。人在跟障碍较量时，才会发现自己的价值……"此后马振骋先生还翻译了《小王子》《夜航》《空军飞行员》和《要塞》。

马振骋先生对翻译和文字的坚持依然是一丝不苟的。我在他这里再一次感受到的，是翻译和写作的共通性。就像他在著作《镜子中的洛可可》中阐述的："翻译，首先靠正确理解，其次是适当表述。谈到翻译理论，也应该跟阅读理论与写作理论交织在一起。文艺作品的创造与欣赏归根结底是主观的。"马振骋提到昆德拉在《被背叛的遗嘱》中说，贝凯特和斯特拉文斯基不愿意别人对他们的作品有不同于他们自己的理解，生前努力但无可奈何地"追寻失去的现在"。昆德拉在同一部书里还说："美学愿望表现在作者写的东西内，也表现在作者删的东西内。"所以结论是：读者可以在作者的作品内和作品外去寻求发现。如果说译者对原作的阅读可以称为一次阅读，那么读者对译作的阅读可以称为二次阅读。

我从这样一位博学谨慎的翻译家身上，学习到的是打通写作与阅读之间那堵透明的墙的方法。

每每采访年长的人物时，最让我感慨的是一种沉淀之后的岁月感。在那样厚重的岁月感前，你会沉下浮躁的心，愿意去思考这个世界本该如此但却渐渐失却的一些东西。比如马振骋桌上的方格厚稿纸，稿纸上有不同颜色的笔修改的痕迹；比如他从书柜里翻出给我看的当年他还在做外语老师时讲授的课本上的笔记，还有在这一笔一画的推敲之下最终呈现的文字。

马振骋

有人这样认真细致地写完了这一生,并且还在能写的时候丝毫不放松对自己的要求,就这样坐在窗边,克服着病痛和衰老,再留下一些文字。

语言世界之广博,历史长河之浩荡,在这广博与浩荡前,人生在追求自己想要的文字留存前是这样短暂。光是这样想一想,心里就会开阔起来。

2019年末,我再次面临杂志休刊,在最后一期杂志编读中,我写到马振骋先生给我讲起他翻译昆德拉《庆祝无意义》这个标题时的创新和大胆,语句的节奏与感觉,中文的美感与简练,又让人觉得他比这个时代的很多出版界的人要更加时髦和敢于突破。这种冲击感,又因他的身体不好和年事已高,让人觉得是不可复制的惋惜。

人生会有很多不可复制的机遇,所见的人,所见的事,所感悟到的体会,如果不是这次执念要去上海,我大概不会有机缘与马振骋先生会面。我采访的很多人物,都是正在进行时的,相遇的时候总觉得还有很长很长的以后,还有很长很长的时间,"一定要趁现在"的这样强烈的意愿是很少感受到的。但事实上,一定要趁现在的事很多,只是很多时候我们没有意识到。

缓慢有意义,停滞有意义,回顾过去有意义,没有被带进下一年、下一个时代的事物也自有意义,这些以某种判断标准来看觉得也许无意义的东西,也许在某个时间、某个时刻,打动过人心,留下过痕迹。从这个角度来说,我们也可以去庆祝看似无意义的一天,无意义的时刻。

于是
  我问我的心

  这段写在休刊的文字被马振骋先生读到,他给我发微信说:"我把你的文章转发,每个朋友都说写得好。尤其你把'庆祝无意义'阐述得那么细致,这下子谁读了都会懂了。谢谢你。"收到这段信息时,我感动极了,觉得自己当不起这声谢,但转念一想,这谢意也是无意义中的有意义的一部分。而这无意义中的意义,足以让我们有勇气去写下一些字,去奢望留下一些字吧。

梅峰 编剧的自我修养

梅峰 导演、编剧、北京电影学院文学系教授。曾获戛纳国际电影节最佳编剧奖等奖项。代表编剧作品有《浮城谜事》《春风沉醉的夜晚》,导演作品《不成问题的问题》等。

梅

峰

人生本来是怀着理想来的，

结果最后面对的现实是仓皇不堪。

——梅峰《不成问题的问题——从老舍小说到梅峰电影》

采访梅峰是在2017年，《不成问题的问题》这部电影上映之前，当时人在国外的梅峰，错着时差和我通电话，不急不缓地说着被推迟上映的电影以及文学如何改编成电影的话题。相熟的朋友陈俊宇采访过他，说他是一个极儒雅的人，"儒雅"这个现今不常见的形容词引起了我的注意。真正联系上时，才知这个词的妥帖与精准。

彼时他第一次做导演的《不成问题的问题》已拿下台湾电影金马奖最佳改编剧本奖和东京电影节大奖，之前他做编剧的《春风沉醉的夜晚》和《浮城谜事》更是经典文艺电影，采访写文字的人，我往往要更忐忑一些。但他从微信相约到采访，从文字到言语，每每总让人感到一种被尊重的适意感，那种自然而然显现出的周到与尊重，让人对绅士风度有了实感，即使是问的问题有偏差，他也会非常绅士地给出你想要的内容，再补一句"提这个问题肯定是有意义的"。

在梅峰身上，我看到的是编剧同写作者的创作水平，他提到

于是 𝒪
　　我问我的心

写剧本时，如果没有灵感，便会放下来去外面走一走，不强迫自己写。这是如今流水线集体创作没法享受的节奏。从旁人看来，这大概是他的剧本每每能斩获奖项的原因。

他优雅地讲出关于电影行业犀利的实话，在看透现实的同时又充满理想主义，那理想是要求自己，并非强求别人。因为他看到有人能做到，也希望证明有人能做到。

也许正因为这样，梅峰可以说是编剧转型导演的极佳案例。

在作为娄烨电影的御用编剧时期，梅峰就拿下诸多国际电影节的编剧奖项：《春风沉醉的夜晚》获得戛纳国际电影节最佳编剧奖；《浮城谜事》获得台湾电影金马奖最佳原著剧本奖和亚洲电影大奖最佳编剧奖。而2015年梅峰第一次作为导演并编剧的电影《不成问题的问题》，在获得台湾电影金马奖最佳改编剧本奖和东京电影节大奖之外，还把范伟送上了金马奖最佳男主角的位置。

作为编剧出身的导演，梅峰对编剧和改编文本有着深刻而独特的认知。改编自老舍同名小说的导演处女作《不成问题的问题》，放在近年充斥着各种网络IP小说改编电影的市场中显得尤为另类和难得。

从他身上，我们可以看到一个编剧的自我修养和一个导演在这个时代的坚持。

梅　峰

不管任何时代，观众都不会喜欢没有任何审美品质的作品

简洁：在近年来的改编电影中《不成问题的问题》显得相当不同，对于现在的中国电影市场，您觉得经典文本的改编还有没有必要？

梅峰：怎么说呢，改编基本上大的市场还是对当代文学作品或通俗文学的一种消化性的改编。出于对市场的考虑，基本上是在这个思路里做改编的，对经典文学的改编会冒一些风险，因为经典文学毕竟不是通俗文学，这就丧失了跟更大数量范围受众的交流，这也是今天的现实。不像20世纪80年代，文学改编还是在严肃文学的体系和范畴里去做的。2000年以后市场化或电影市场分众后，文学改编基本是对更为流行的通俗文学的改编，改编IP或阅读量较大的作品都有一个目标动机，就是商业利益最大化。文学这个词可能要往后放，放在前面的是流行和通俗。

简洁：在您的著作《编剧的自修课》中提到，改编素材的价值是建立在自我美学品质与成功的商业化品牌可能性的基础之上的，但是这种平衡带来了一些问题。在您看来要如何实现这种

平衡？在追求商业利益的前提下，编剧是否能追求自我？

🍂 **梅峰**：电影市场现在一边倒地追求最大化的商业利益的特征和事实，让两者很难有一个平衡。在追求商业利益的前提下，编剧是否能追求自我，就看创作者自己有没有这个热情。当然在好的故事中建立和尝试沟通、交流，这是基本的动力，怎么用故事说服人，故事本身是否值得让人两小时跟下来，浸染其中，让观众感受到你要表达的某种情感，价值观的传递，或某种社会观察的认知，这些都要看创作者具不具备这种能力。如果说你手里有一个很好的素材，但刚才说的几点从整个创作作品的完成度来看都是有所缺失的，这恐怕是创作者自己的能力问题。不管任何时代，观众其实不会喜欢纯粹的爆米花、肥皂剧和没有任何审美品质的作品，对创作者来说，要看他自己有没有一个职业的素质做出让观众认可的作品，这个是重要的。

🍂 无论是妥协还是斗争，最后只凭作品说事

🍂 **简洁**：对于导演中心论来说，当导演凌驾于编剧之上的时候问题才会得到更好的解决。单纯作为编剧，和既做编剧又做导演，对您来说在实现作品上有什么区别？

🍂 **梅峰**：这个观点是可以引起讨论的。到底是以编剧为核心，还是以导演为核心。在作者电影那里，最好编剧和导演是同

一个人，同一个人就不会产生刚才描述的问题。如果在工业系统里，两个工种落在不同的两个人身上，两者谁更重要，他们之间如何合作，问题就会出来。因为电影毕竟是属于导演的作品。哪怕说在作者电影的范畴里面，确实是导演有最终决定权的。怎么讲述这个故事，阐述这个主题，是握在导演手里的。

☯ 简洁：所以您在第一次做导演时有天然的优势？转型中遇到最困难的地方是什么？

☯ 梅峰：对的，毕竟能自己决定。但如果你的专业背景原来是编剧的话，那第一次做导演恐怕各方面要考虑的事情比较多。因为剧本毕竟是一个图景，不管怎么样参考文本素材，当你架构这个故事时，基本是靠幻觉的想象去完成这个故事。想象的蓝本到现场之后会有一个物质化呈现出的转变，它不是从编剧到导演的考验，而是对一个作品从剧本到电影作品的最大的考验——怎么把想象的东西，以最具有物质现实说服力的影像视听的作品呈现出来。一旦把这个做好了，它对剧本是有调整和修正的。不可能说一个剧本你就百分百拿着就去拍，一句台词也不准改，这是很难的，一定是一个适应性的、变化的过程，我觉得导演最重要的工作就是让文字几十张纸的虚构性的故事扎扎实实地变成一个视角可见的故事，这是导演特别有挑战性的一个工作。

于是
我问我的心

- 简洁：您书中在讨论好莱坞电影市场时有个结论，导演只是诠释性的艺术家，并不是创造性的艺术家。您自己同意这种说法吗？

- 梅峰：这要看谁，放好莱坞系统里这个说法是成立的。但放在艺术片或更宽泛的艺术电影的范围里，恐怕不见得是这样，很多导演都是哲学型的，思辨型的电影的创作都是有可能的。不管是自己写还是跟信任的编剧合作，不管是美学上，还是主题上或情感探索体验上，一定是有创造性的东西在里面的。那是电影史上艺术家的创作过程告诉我们的事实。

- 简洁：在希区柯克制作电影的案例中，编剧们的贡献一直没有被正视也是导演水平下降的主要原因。这一点对当今中国电影市场而言也成立吗？

- 梅峰：我觉得编剧的工作当然是重中之重，虽然电影最终的归属权或署名权归导演，是行业的常规做法。但如果将整个产业往深了看或拆解开看都会看到编剧的工作意义是什么。不管美国还是中国，商业电影还是艺术电影，一个好的剧本如果给到一个不怎么样的导演那肯定是个毁灭性的结局。但如果一个好的导演没有一个好的剧本的话，那也很难完成有高度的美学见解和品质的作品，这其实是一个相互磨合、斗争、妥协，彼此激发创造力的一个合作关系，编剧和导演永远是在刚才几样力量当中才能产生好作品的。不管是希区柯克跟他的编剧们，还是比利·华尔德跟他的编剧们，甚至当代的拍《鸟人》的导演也是跟编剧吵得不可开交，但是能在争论交锋中碰撞出一个结果来，不论是妥协性的还是刺激性的，最后其实都只能凭作品来说事。

剧本还是要说个人体验

简洁：您如何看待如今中国电影越来越多用编剧团队作业的方式？

梅峰：因为剧本还是要说个人体验，不管你写类型片还是家庭生活情节剧，写个人英雄主义奋斗还是社会问题、人事命运，我觉得都还是要有某种真实的个人的体验在里面，才会更大程度上激起普通个体观众的认可。叙事艺术永远要面对的一个事实，就是叙事艺术一定是用个人生活经验的说服力来让个体阅读的观看者产生认同的。所以多人编剧肯定是折中的结果，我相信多人编剧一定是制片人或导演控制出来的他最后想要的结果。谁点子多，桥段多，我用谁的，不会显示某种个性，这个就是在我看来的区别。联合编剧的作品是没有个性的。

简洁：对于改编来说，原著和作者不应该高高在上，原著并不高于电影，只是为电影提供素材。这种观点您怎么看？

梅峰：这个说得很有道理，是这样的。可这有前提：你改成功了，可以理直气壮地说，电影就是不同于文学的；但要把很好的一个经典的作品改得非常糟糕，那被人批评也活该。这是两个局面，两种结果，站在前一种情况，这个话是说得很漂亮的。如果你没有这个能力和这个水准，就要承担一切别人批评的现实。在第二种情况里你就不能说素材不重要，改的才重要，这时你没有任何辩解的余地。

简洁：您曾说过改编分两种，一种是改编经典文本，选择它就是因为它的意图，一定要忠实它的意图。你可以在旁枝末节上丰满或者删减，可以做创造性的发挥，但是一定要符合小说本身的意图，如果把整个注意力仅仅放在故事本身，会有很大的危险，可能浪费了一部经典作品和一个好的故事。

梅峰：是的，我到现在仍然愿意用这种语言方式来描述改编的两种不同情况。因为改编经典文学，连经典文学的原始意图和精神核心都扔到一边，置之不理的话，那就不用改编经典了，还不如自己去凭空编一个新东西出来。但凡要改编经典的、广为人知的作品，不管什么年代的，一定要忠实地传达这个作品本身的最原始的思想意图。

电影有个残酷的事实：它只有听觉和视觉

简洁：《不成问题的问题》这部片在豆瓣有条评论，说这部

梅　峰

电影把"老舍作品的里子和面子都拍了出来"。您在拍电影时这种既忠实于原著，又有自己创造的分寸感是如何做到的？

梅峰：小说叙事文学有一个优势，就是文学是没有一个感观的边界的，在文学里所有的感观体验都可以被文字以捕捉细节的方式放大。但是电影有个残酷的事实：它只有听觉和视觉。对于我们来说问题就来了：你不可以有心理描写，不可以有白描，不可以说刚才说的所有感观的介入。作品在改编时是把一个文学的系统改编成一个视听的系统，所以你该放弃的东西要放弃，以电影这个媒介的优势，该放大的要放大，这是从小说到剧本这个过程中要完成的。

那么怎么做好呢？还是要符合电影的感受，还是要舒服，就是怎么样符合我们物质现实的体验。小说可以是非常夸张、变形、寓言体、漫画式的，但电影里这一切的语汇都可能遇到挑战，我们很难在物质视角的现实里把文学和小说的优势的东西转变成电影的视听语言。所以在改编的过程里把小说可以用的，符合电影感的事实留下来，属于文学的部分就全部扔掉了。当符合电影感的东西你发现它确实不足以构成丰富的电影的素材和血肉，当一个电影的素材和血肉不够丰满时，就要把建立在原始素材上的发现和虚构的新东西补充进来。这是我认为从小说到电影改编最重要的一步，就是怎样符合电影叙事的特征，把小说洗炼一遍；或者说让它脱胎换骨，变成一个符合新的题材的东西。

- 简洁：作为导演和编剧，您在挑选剧本时，是否更倾向于挑选符合电影叙事的文本？
- 梅峰：倒也没有，主要是看作品的叙事的骨架，故事本身是否有意思，还有故事本身携带的信息量和系统是否足够。我觉得20世纪80年代的文学改编在这方面都是意图非常清楚。像《菊豆》《大红灯笼高高挂》《红高粱》这些作品还是很有说服力的。在创作时选一个什么样的小说来改编，跟文学改编选择的独到、准确以及思想深度都是有关系的。今天的问题是，很多人可以用一种电影的、视角化的、蒙太奇的叙事来写小说，但我总是觉得这样的写作本身是在考虑更多的通俗性和流通性，而不是小说本身写作的规律。

行业都有自律和口碑

- 简洁：现在电影市场带动了一个价值判断，被看中买下来拍片的作品就会更出名，更有价值。
- 梅峰：这就是我们刚才说的利益最大化。那就不要讲美学，也不要说思想了。反正什么样的东西通俗，大家都知道，就开发什么样的东西好了。商业利益最大化，这是中国电影市场上空的幽灵，或者说在精神上已经把所有相关行业的从业者绑架。

梅 峰

◎ 简洁：就这一两年的改编电影和电视剧而言，读者会有一个疑惑，为什么那么多被改编的原著都是抄袭的作品，导演在选择剧本时是否并不在意原著抄袭的属性？

◎ 梅峰：抄袭可以用法律手段来解决，可以举证，被抄袭的作者可以走法律诉讼的途径来找说法。但你要是泛泛而指，我觉得当今中国电影没有什么问题可以泛泛而说的。因为市场的单一性，以资本和利益的单一性，不见得能覆盖所有在这个行业里的人，我觉得还是有多元的可能的。要是没有这种多元的可能，我们很难想象会有万玛才旦导演的作品《塔洛》，还有《路边野餐》和《八月》这样的作品。我觉得这两三年中国电影还是让人看到，哪怕是被市场资本绑架了，还是有人在做一些他们能够做到的作品，还是在这个思路上去做的。这几个人的作品基本上跟大的商业类型的作品是没有关系的，他们在自己狭窄、逼仄的空间里去找可能性，但做出之后发现资本也有追加，资本像嗅觉很好的野兽一样，看到他们的成功马上跟着来了。有了这个知名度后，资本在排着队等你呢。

◎ 简洁：但对于被抄袭的原作者来说，追加商业资本越多，利益方越多，抄袭举证就越困难，电影和电视剧改编抄袭作品的现状会不会是为抄袭提供了通行证？

◎ 梅峰：我觉得行业都是有自律和口碑的，大家都知道真相的事实是遮不住的。真要是在非常糟糕和恶性的状况下去完成作品，比如随便抄袭别人的劳动，拿人家的东西就那么坦然地无所谓地去用了，这肯定是走不长远的。又回到刚才说的资本市场，买卖性的现实，这种团队一般都不会走很远的，他会受到某些规律的惩罚。你抄一次可以，成一次可以，但如果是抄袭，基本跟能力、见识，跟做电影行业应该有的最重要的素质也没什么关系了。它就折腾一锤子的买卖，现在市场这么乱，也没什么价值标准，乱局当中就有人厚着脸皮这样折腾，不要什么底线，也能成。但任何行业再怎么被金钱资本绑架还是有一个规律，一定要认清这个规律。

简洁：您怎么看待如今图书出版和电影的相互作用？

梅峰：今天出版和电影的联系更多在流行文学的领域，前者被电影消化使用成为电影作品。但经典文学和流行文学也有重叠的部分，比如科恩兄弟、伍迪·艾伦的作品，可以说是纯粹的艺术电影，但在全球也有大量观众。这和文学的状况差不多，不一定非要分严肃文学和通俗文学。在美国电影改编市场上，这两个阵营也很难分开。重叠的东西更有趣味，通俗和美学怎么产生关联，我觉得这是欧美文学改编做得比较好的，呈现出一种比较良性的状况。日本也很好，很多作家都是从通俗写手起步的，但写着写着就写到高端的位置上去了。在国内今天我觉得很难看到这样一个事实，也不敢让人期待这样的事实。

梅 峰

◐ **简洁**：最后给读者推荐三部您喜欢的改编电影吧。
◐ **梅峰**：我还是挺喜欢《大红灯笼高高挂》，它是电影文学改编中比较重要的作品。《林家铺子》也是我特别喜欢的一部电影，还有谢晋的《芙蓉镇》，特别厉害，这是三个时期三代导演的代表。20世纪80年代的文学还是给了电影很多营养和资源的，当时像《十月》《收获》，还有人民文学出版社出的书很快变成电影了。而今天更复杂，更多元。

后记：个人生活经验的说服力

编剧和作家，在我看来与编辑和作家一样，也是有许多相通之处的，但在专精之处隔行如隔山。在IP改编的大势之下，作者和编剧之间的界线开始模糊，一部文学作品如果能被购买并改编，几乎可以判定是一条飞升之路。

在采访梅峰的过程中，让我印象深刻的是他对文学作品的理解，无论是这部改编后大获好评的老舍的作品，还是他自己的原创剧本，他都是在以艺术的标准去雕琢。在他的视角下，文学有了一个新鲜的理解的途径，他有一套自己的美学。导演和编剧眼中可以改编成电影的文学作品是什么样的，也许会与我们想象的有很大不同。以另一个视角来观察文学和剧本的相通之处，可以对自己的写作有所审视。

其实核心也许只有一个，就像梅峰指出的：不管任何时代，

于是
我问我的心

观众都不会喜欢没有任何审美品质的作品。审美品质就是这两者的相通之处。我采访其他作家时，有与梅峰相熟的作家开玩笑说，梅峰老师珍惜羽毛，没有获奖的作品是不会署名的。反过来看，梅峰极高的获奖率，其实是坚持审美品质的结果。

至于不同之处，梅峰指出，电影只有视觉和听觉，而文学没有感观的边界。在修改过程中，需要将小说可以用的，符合电影感的事实留下来。我之前问过很多作者一个问题：会不会在创作时有意让自己写的作品向容易影视化的方向靠拢？先不管答案如何，至少在这里有一点可以反推，这种靠拢至少会损失在文学里被文字捕捉细节放大的感观体验，而向影像可保留的部分靠拢。

而导演真正会选择改编的作品是怎样的呢？答案出乎意料，并不是像我们想象中那样会特意选择符合电影叙事的文本，而主要是看叙事骨架、故事本身是否有意思，还有故事本身携带的信息量和系统。作为写作者，最重要的并不是思考是否适合改编，而是坚持自己的审美品质。

关于写作，这次对话还给我传递了一个极为重要的信息——梅峰提及：……要有某种真实的个人的体验在里面，才会更大程度上激起普通个体观众的认可。

认真体验生活，用文字捕捉自己的感观体验，将自己的个人生活经验讲出来，用文字的说服力去达成认同感，这便已是窥到艺术的门径了。

岩井俊二 关于人生中没有戏剧性的部分

岩井俊二　导演、作家。1963年出生于日本仙台。代表作有《情书》《燕尾蝶》《花与爱丽丝》《梦的花嫁》等。

之前自己如近视眼般，只想将人生中戏剧性的部分挑选出来，而那些所谓的"什么事都没有的日子"，只让我觉得是价值低廉、无聊、没用的部分。"什么事都没有的日子"不会成为电视剧的素材。有着这样的成见，自然会奇妙地影响自己的人生。

写下这篇文字时，我第一次面对自己的存在，第一次对它产生了怀疑。之后，"什么事都没有的日子"开始在我的人生中占据重要的位置。

——岩井俊二《垃圾筐电影院》

见到岩井俊二是在2018年5月,他来深圳开一个小型的乐团演奏会。

那时《你好,之华》的主创海报刚公布,因为保密协议他不能多谈。拍电影的岩井俊二,比做音乐的岩井俊二要受欢迎多了,但如果不是因为那个小众的乐团,他大概也不会花这么多时间让我们问这么多问题。

这样的情形我见得很多,采访就是在人物愿意谈的问题和你想问的问题之间寻求平衡。我在采访前只看过他的《情书》这部电影,并没有岩井俊二情结,让这次采访显得记忆深刻的,是微信另一头我的一个大学时的朋友,他是岩井俊二的忠实粉丝。

我的这位朋友,本科毕业后选择去日本留学,归国之后和我聊天时说:"我不看日剧,也不喜欢动漫,我去日本是因为岩井俊二的《情书》。"因为喜欢《情书》,后来他一个人去了北海道,不是去观光地,而是去走访了《情书》拍摄的每一个场景。

> 于是
> 我问我的心

晚上的预演分享会我可以要到票,那位同学非常激动。我乐于帮他完成这个心愿,是因为我想看看一个人心愿成真的样子。整个晚上他话很多。

看演出的过程中,我又听他说了《四月物语》的故事。他说他之所以能考上大学,是受了这部电影的激励。这一刻我真心觉得岩井俊二是一个厉害的人,足以影响一个人的人生。

于是我回去补看了《四月物语》,是个简单到不能再简单的故事,因为太过简单,甚至有点故事还没讲好就已结束的感觉。作为一部电影觉得单薄,但打动人心的镜头也是真的美到戳到人心里。

想想采访时岩井俊二说的,他大学时虽然还没有拍出什么厉害的作品,但莫名就会觉得自己能成功,是不服输的感觉。他学的是美术专业,非科班出身,但已经明白自己要做什么事。看到电影时,便明白那种非科班的感觉,是一种自我的意识流表达,想到哪里讲到哪里。但是因为有非常强烈想要传达某种画面的感觉,在他想要打动人的瞬间,就真的在另一端能让人理解,为之着迷。

看着我的朋友和台上的岩井俊二,我觉得这是一种奇妙的感觉。一方是,自己如果有想做的一件事,所有人都会帮你完成。而另一方是,在这世界的另一端,因为理解,而被激励过上了更好的人生。

这一年的10月,我第二次去了北海道。第一次去小樽时,我还没有看过《情书》,而这次带着这些故事,我在天狗山上找寻电影主角在雪地问候"你好吗""我很好"的那个场景。爬到山顶时天已经黑了，没有雪的北海道，和有雪的北海道是完全不同的。滑雪场上一片空荡荡的草地，但莫名就觉得那片黑漆漆的草地有了故事。

回来之后看岩井写的《垃圾筐电影院》，里面提到：拍摄《情书》时，中山美穗彻底喜欢上了小樽，看架势仿佛就要定居在那儿了。直到最后一天她还缠着我们说，不想回去。后来，听说她一有机会就偷偷去小樽，在那里度假。问她，她说"好像是灵魂的波长吻合了。给人一种'啊，说不定这里就是我真正的故乡'的感觉"。我们写文字，最终想达到的尽头，也是这样吧。

岩井美学与阅读困难

做音乐的岩井俊二，自然没有拍电影的岩井俊二出名，但其实《四月物语》《花与爱丽丝》中的背景音乐就是他亲自创作的。尽管要求采访的问题集中在乐队上，还是避免不了绕到他的电影。

岩井俊二的人生轨迹，听上去简单，其实是一个复杂的名词。在现场，人们对岩井俊二的称呼是导演，但他组乐队，画漫画，他写的电影原著《情书》《关于莉莉周的一切》《燕尾蝶》，无论在日本还是中国，本本都是畅销书。

先写小说，再拍电影，这似乎是岩井俊二作品的例行步调，

> 于是
> 我问我的心

这也使得他的作品有着强烈的岩井俊二风格，这个过程将他的诸多爱好统一起来。和他一起工作的人，比如乐团的其他成员，将之称为"岩井美学"。

拍自己写的小说，对岩井俊二而言是实现自己所有爱好的途径：小说家、画家、电影导演、漫画家——最终他成了电影导演。毕业于横滨国立大学教育系美术专业的岩井俊二，至今还保持着随手作画的习惯。只要手边有纸，不自觉地就开始涂鸦乱画。通常画的是手，他还喜欢画眼睛和耳朵。他电影的所有分镜也都是自己画的，其画功在导演中应该也是上佳的水平。

小说改编的第一步是做分镜头表，然后是脚本；小说和分镜头表之间会有变化，而分镜头表和脚本完全一致；小说和电影之间的变化很大，四页的脚本，小说五行就结束了；小说四五十页内容，拍成电影正好是两小时左右。岩井俊二可以熟练地在小说和电影之间做着换算。

"要是像写脚本那样写小说，小说是不成形的，这两者完全是不同的事物。"他自己分明知道这一点。

但若问岩井俊二，为什么不像别的导演一样请人写脚本。他的回答却是："其实是因为我不擅长阅读，别人的脚本拿来阅读比较费劲。"他佩服那些请人写脚本的导演："他们每次都看吗？每次修改后都看吗？"然后坦言道，自己绝对做不到，因为太麻烦了。

遇到不得不看脚本的情况，比如帮别人担任制作人时，岩井俊二只能带上脚本出去散步，一边走一边看，这样才看得下去，

岩井俊二

因为同时做不了其他事。他的电影《花与爱丽丝》中两个女孩争夺的那个男孩一边走一边看书的习惯，就来源于此。电影中男孩因为边走边看书，撞上了拉闸铁门晕了过去，醒来之后被女孩骗说他撞失忆了，才有了后面的故事。为了避免这样的危险，岩井俊二会挑大家都朝同一个方向散步的公园去走，用这样的方法，看了许多脚本和小说。

岩井俊二曾在自己的书中这样讲自己的阅读困难："实际上，我非常不擅长阅读，连自己写的剧本也懒得读，几乎没有读过第二遍。我很擅长动手的事情，例如写文章和画画，没人理会的话，我能一直做下去，没完没了。而阅读和聆听就不行了。我会马上腻了，坐立不安。去电影院看电影，有时也会出现这种症状，甚至没看完就回家了。这是我最大的弱点。"

所以，岩井俊二从小说到剧本再到电影的一手包办，可以说是出于天赋，也可以说是出于弱点。而与其说是弱点，不如说他太沉浸于自己的世界，而对聆听和阅读别人的东西缺乏耐心。这样的他，在被问到是否看过村上春树的小说时，也能坦然回答："很少看，太难了，没能看下去。我觉得自己的小说更有意思。"

但不管怎样，他的确以一己之力，建构了一个属于岩井俊二的美学世界。

很多成人都无法完全告别青春

在《你好，之华》的先导海报中，岩井俊二和周迅站在了一起。作为一名导演，拥有不输演员的颜值和号召力，在导演中也属少见。尽管他多次回应这部影片绝不是中国版的《情书》，但还是不免让人把这个基于他人生轨迹的影片和他拍过的青春电影以及里面美好的少男少女联系在一起。

岩井俊二的青春是什么样的呢？日本名编剧北川悦吏子在写给岩井俊二的一封信中替众人说出了想象："我曾经不以为然，认为有拍电影的才华的人，是不可能具备过高的写作天赋的。然而，你的小说没有输给你的电影，《情书》真的很有看头。我可以在许多描写中，看到你的身影。……偶尔我会把现在的朋友，比如岩井先生你，或是一起工作的节目制作人……当成我的高中同学，把你们想象成我高中暗恋过的男生，这时我就会不由得'扑哧'笑出来。"

然而比起"高中暗恋过的男生"的人设，岩井俊二这样形容自己的青春记忆：高中时，他读的是男子学校，学校里只有男生。留下的全是些古怪的记忆。不过有个好处是，兴趣相近的人都集中在一起。

而大学时的岩井俊二则更加辛苦，原本读的横滨国立大学教育系美术专业，如名字所示，是培养老师的专业。这所大学还有经济、管理、工学等专业，就是没有日本大学那种专门教授影像的专业。"身为这样一所大学的学生，最后却喜欢上影像工作，在校园中是异类，经常有种奇妙的不协调感。究竟是哪儿弄错了，竟上了这所大学？可又不能退学，只能茫然地在校园中彷徨。"于是最后的结局是：四年的大学读了六年，成绩不是很好，也不是很糟。很少去上课，不过最后毕业了。

但北川悦吏子对岩井俊二下的结论大致是没错的——你的心里恐怕深深记得学生时代吧。

岩井俊二自己也承认："校园时代对我而言是一生中有着特别魅力的时候。要问为什么有魅力，连我自己都无法解释清楚。"尽管无法解释，这种魅力在他的作品中却能精准地击中人心。无论是《情书》中的漫天大雪，还是《四月物语》中的红伞与雨天，都是让人心动的青春片段。

也许，这种魅力也并不是不能解释。2018年，岩井俊二到知乎网做活动时，知乎网引用了他形容自己电影的一段话：很多成人都无法完全告别青春，虽然是成人，但他们都有些未成熟的感觉。我本人其实没有对青春进行什么定义，只是在描写处于特定阶段的人。

只不过，成人视角的青春，和真正的青春大概还是不同的。

岩井俊二提到1971年的英国经典电影《两小无猜》，自己对这部电影从年少时的不喜欢到成年后喜欢的思索：放学后的约会、逃课去旅游、结婚典礼、搭乘手推车去远方等行为，在大脑中都成了逝去的风景，想实现却无法实现的梦想。青春期的初恋不会成功，我们通过观看《两小无猜》治愈了这份心痛。

"总之，我喜欢上了《两小无猜》，其实背后有着自己已沾染成人气息的背景。"这个结论对于岩井俊二的作品来说好像也适用。

青春期已过,该高兴还是该悲伤?

"我还是应该感到悲伤吧。"他最后这样回答。

什么事都没有的日子

如果不是因为准备资料时查证,我都不敢相信,当时我见到的岩井俊二已经五十五岁了。他的外貌、精神状态、声音,包括谈论的话题和内容,都仍然给人一种"还很年轻"的印象。

只有一个我看采访时的疑问,在看到这个年龄的瞬间解开:他是边采访边吃饭,送上来的饭菜他总是嫌不够热,只好不停地问,有没有用银盘子装着的,下面有火加热的热菜。在看采访时我被他对"银盘子装着的……热菜"的执着完全吸引了注意力。现在想想,不喜欢吃凉菜,是不再年轻的一个特征。

关于岩井俊二年龄的错觉大概是他描述的青春留下的滤镜。尽管理智上知道《情书》已经是1995年的电影了,但还是无法把采访时回忆自己校园时光的岩井俊二和他真实的年龄联系在一起。但反过来说,也许这么多年他给人留下的印象,还没有被成人世界所覆盖。

但若说这么多年来,岩井俊二一直描述着不变的青春主题,他本人可能不会同意。被划进R级电影的《燕尾蝶》,冷峻科幻的《华莱士人鱼》，悬疑剧般的《梦的花嫁》，在纯美青春外，他做着许多尝试。

这从岩井俊二对小津安二郎的评价中就能看出来。"他的作品大同小异，却有着奇妙之处。只是多次改编相似的故事，但大家还是会去观看。小津安二郎拥有一种类似今天的流行歌曲的倾向性。创造相似的作品不是好事也不是坏事，是稳定的生产。这就是小津。我并非在批判小津安二郎，只是对他这种对单一手法的异样执着感到畏惧。"而岩井俊二却觉得自己是没有办法重复做同样作品的人。

如果探究岩井俊二稳定的内核，出来的会是一个让人意想不到的答案——太宰治。觉得阅读别人作品困难的岩井俊二，却非常喜欢读太宰治："他的作品给了我很大的影响。遇到事情，我经常会想，要是太宰治的话，他会怎么想。如果我能做到太宰治那样，我的人生就可以了。"

但岩井俊二理解的太宰治和大家印象中的又有所不同：起初读太宰治，感觉非常消极，他本人也给人阴郁的印象，但阅读多年后反而发现他的作品含有喜剧因素，作家本人饶有兴趣地看着整个世界，他其实是个很有趣的人。"我拼命努力着，太宰治可以说是我的老师。这并不是说太宰治教我的，而是我找到了太宰治，通过阅读他的作品并进行分析，在自己心中塑造一个太宰治。这应该与大家常说的太宰治的影响不一样。"他曾在采访中这样说。

从这个角度看，每个人都能从作品中找到对自己不同的意义，没有人能像标准答案一样完全理解另一个人。就像不管他愿不愿意，大多数人提到他时，首先会提到青春和错过。

岩井俊二谈到小津安二郎时说："人生漫长，会发生许许多多事。但或许对他而言，那些几乎都是无意义的。……将片段截取下来排列在一起，小津意识到人生很简单。也许他想，反正是要排列，就只选自己喜欢的场景。"但也许某种意义上，他在所有人眼里就是这样会选择喜好的人。

话又说回来，人生如何区别有意义和无意义的事呢？

岩井俊二自己进行了反思：之前自己如近视眼般，只想将人生中戏剧性的部分挑选出来，而那些所谓的"什么事都没有的日子"，只让我觉得是价值低廉、无聊、没用的部分。"什么事都没有的日子"不会成为电视剧的素材。有着这样的成见，自然会奇妙地影响自己的人生。之后，"'什么事都没有的日子'开始在我的人生中占据重要的位置。"对于普通人来说，"什么事都没有的日子"大概是漫长人生的大部分吧。但就像岩井俊二写的独白：

偶尔也有想留在心间，难以替换的日子。

也有什么事都没有的日子。

也许都是什么事都没有的日子。

可是，

就算在那样的日子里，我们依然等待着。

我们等待着有什么来临。

这是我们能寻求到的意义，不管是在他的电影还是自己的人生里。

☙ 简洁：北川悦吏子说过，也许小说才是导演对电影最好的补充说明。众所周知您的电影大多是由您写的小说改编的，您同时还做音乐、出绘本，具有多重身份的人生对您的意义是怎样的？

☙ 岩井俊二：在这几重身份当中，其实我想要展现的我喜欢的世界观是一样的，只是表现手法不同，需要有不同的技术去展现。通过学习不一样的技术，也会对其他领域产生一些影响。比如提高了音乐方面的技能之后，可能会对拍电影方面产生一些积极影响。这些身份都是相互影响的，只不过是导演的身份大家更熟知。对有些人来说，可能做瑜伽也会对他别的工作领域产生影响。对我来说，这种花钱没有办法买到的影响是非常重要的。每天点滴的累积，最后就能发生一个质的改变。

☙ 简洁：您后期的《燕尾蝶》《梦的花嫁》《吸血鬼》等作品的风格和早期纯美青春风格相比有较大的改变，您是喜欢寻求突破和改变的人吗?

- 岩井俊二：对我来说，拍完一部电影，并不是那么快地就能够把自己拍的上一部电影忘却。我是很难按下重置键的那种人，所以在拍摄下一部电影时，我脑海中还是上一部电影的东西。但是我没有办法重复做同样的作品，需要有一个新的突破、新的变化，这个过程对我来说是非常艰难的。很有可能在拍摄上一部电影的过程当中，我就已经有了下一部电影的构思，但如何从上一部电影跳出来是困难的。拍电影的这个过程跟人生很像，会有很多事情发生。

- 简洁：您平时都是做幕后工作的，组乐队对您来说相当于走向台前，在幕前和幕后的感受有什么不同吗？
- 岩井俊二：对我而言，在镜头后我的感觉是更舒服的。但是这次在台前的演出机会也非常珍贵。有一种从细胞里面渗出来的紧张感。上一次体验到这种紧张感，应该还是我多年前去战地做一个采访节目的时候。时隔多年，因为要在台前表演，又重新体会到从细胞里渗透出来的这种紧张，是非常珍贵的一个经验。

- 简洁：您喜欢这种紧张感吗？
- 岩井俊二：这种紧张感，不能算得上是喜欢，但是对于一个创作人来说是非常重要的刺激。因为它会让你有一种更新鲜的感觉去挑战更多的东西。比如我想尝试的舞台剧，在日本有位叫寺山修司的人，他既是戏剧导演，也是电影导演，还是一个非常棒的诗人，他是我崇拜的偶像。我可能没办法做到像他那样创造出来这么棒的作品，但我希望能创作出具有我自己独特感觉的作品。

简洁：很多导演成名之后，拍片、做事就会非常谨慎，但您不仅自己制作动画，甚至还给杨德昌的电影剪预告片，这放在任何成名导演身上都难以想象。为什么您在成名之后还愿意做这些尝试？

岩井俊二：我在学生时期曾是这样一种人：如果拍的电影没有获奖的话，我可能会花三天三夜都在想我为什么没有获奖。在我二十岁时，有一天我突然就不想再因这些事情左右我的情绪，那好，我就不管它们。我后来想从事的工作、想创作的作品都是我自发想做的。做完之后我会给自己打分，这个作品就在我这边告一段落。这并不是说完全不在意周围的声音，而是如果一个作品我给自己打了75分，就算别人说我做得非常好，或是怎么不好，我也会保持我原有的想法。这也算是我学生时代的一种理想的心态。

简洁：有评论说您非常喜欢描摹被动的人生。从《情书》《花与爱丽丝》，到这一次的《梦的花嫁》，主人公似乎都是被动型人格。您同意这种说法吗？

岩井俊二：主人公的被动的性格其实并不是我设定的，可能是观众以先入为主的观念对主人公进行分析，然后去反推出来的。为什么呢？刚刚我们聊了很多，这其实也是做电影的一个反思。如果说我们电影的主人公一出来就是一个成功人士，这部电影讲的是主人公越来越成功，相信观众就不想看了，肯定就要离场了，观众会想为什么要花时间在这里看过得比我好的人的故事？人是会有同情心的，他会去同情弱者，会想要去帮助一些更弱小的人，这是人类的本能。所以我是在对人性做出分析的基础上描绘的电影故事。

后记：那些重要的，什么事都没有的日子

在写岩井俊二之前，我看完了他的《垃圾筐电影院》这本书。

他在书的最后说：或许有人认为《垃圾筐电影院》是本玩笑书，可在某种意义上，这是我心中的电影理想国。我其实很爱看这种私人性质很强的随笔合集，对于了解人物而言，可能会比其代表作要透露出更多的信息。

比如拍摄《情书》时，这部雪景众多的电影，在拍摄两个月期间，下雪只有寥寥可数的几次。而在那几个下雪天，他们幸运地预先安排了雪景拍摄。这样的情形发生了五次，第一次时大家非常开心，到第五次时大家都有些害怕了。电影中有句台词"藤井树AKQJ10同花顺"，居然在拍摄雪景时真的就有这样奇妙的运气。

也就是说，我们印象中整部电影都是白雪茫茫的场景，在演员和工作人员长达两个月的工作时间中，只有五天。在拍《情书》时彻底喜欢上了小樽的中山美穗，大多数时间里，她见到的也是没有下雪的小樽。

创作大概都是这样的吧，给人看到的都是冰山浮在水面上的一角，这冰山一角给人留下了太深刻的既定印象，而那未知的、庞大的少有人知晓的部分，回到现实后，其实会和想象偏离许多。

就像《情书》这个故事的缘起，其实也并不是想象中岩井俊二年轻时经历过的少年少女的情愫。上中学时的岩井俊二和朋友约好去看电影《金刚》，在追公交车时被公交车的后轮轧到脚受伤，因此不能去上课，在医院治疗时收到了全班同学写的慰问信。十多年后，在岩井俊二打算写一部电影初稿时，想起了家里茶色信封装着的这些慰问信，在翻看这些信时，他才有了一个关于"信"的设想。所以岩井俊二把《情书》的缘起归结于《金刚》这部电影。这个结论真是一点也不浪漫，甚至有一点小小的煞风景。

不过，好像正是这样与想象中不同的平凡，反而让人更加理解了岩井俊二所说的"什么事都没有的日子"，即使是这样的日子，在人生中也占据着重要位置，即使是不那么浪漫的由头，也可以成为一个经典故事的缘起，平日里我们觉得无聊而没用的部分，记录下来也会有想象不到的价值。当你提笔的时候，也许就能发现日子非戏剧性部分的价值。又或许即使写不出什么，我们

于是
　　　我问我的心

也可以坚信:"就算在那样的日子里,我们依然等待着。我们等待着有什么来临。"

姚谦 听一千遍后

姚谦 词人、作家、收藏家。1988年开始填词,歌词代表作有《我愿意》《味道》《鲁冰花》《最熟悉的陌生人》等。已出版随笔集《我愿意》《品味》《相遇而已》《一个人的收藏》《如果这可以是首歌》《我们都是有歌的人》等。

姚谦

关系是很抽象的名词,很抽象的概念,但是它常常会为我们的创作带来更深刻的思考。比如,我们可以在创作时先抓住需要讨论的关系,然后顺着这段关系来寻找、分解其中的元素、动机、细节等。关系,的确是可以反复思考咀嚼、重复使用的创作概念。

——姚谦《我们都是有歌的人》

☯ 放进记忆的东西要有内在的意义

2017年,姚谦来做新书活动的那天,深圳下了一场太阳雨。写词人的特质,在和我聊起这场雨时显示得淋漓尽致。

他说上次遇见太阳雨,还是好几年前在台北,在他平日喜欢走的路上,忽然来了一场完全没地方躲的太阳雨。"一场太阳雨在深圳,海风吹袭热带……"他随口说了两句以前他可能会迅速写下的歌词,但现在他会更多地去思考一些"不那么浪漫的命题"。

"这种雨是热气流快速移动造成的吧,在北京是看不到这样的雨的。北京的雨一定是很慎重的,要下大雨,就乌云密布、雷声隆隆来一场大雨,不会是看似晴天突然一朵云在你头上就下了,而且太阳雨经常就是小面积的。"这种思考显示了他五十岁之后的变化:比起故事表象的说明,他更倾向于思考、感受和内在的关系。"如果要坚持把这些东西放进你的记忆里,它就要有一些内在的意义。"

这种改变也体现在他的书写内容上。说起来,北京是姚谦的第二个家,从十几年前起他就过着北京和台北两边飞的双城生活。他的长篇小说《脚趾上的星光》,就是以他的双城生活为背景。和他沟通起来,已经少有两岸用语上的差异。

《如果这可以是首歌》已经是姚谦的第六本书,但他觉得自己依然没有作为"写书的作者"的意识。当我问起,是否会担心像林夕出书一样,在豆瓣被评价为"还是词写得比较好",这位写出过《鲁冰花》《我愿意》《味道》《最熟悉的陌生人》等歌曲的词作者,谦虚地笑着说:"幸好我的词没有写得太好,没有这个担心。"

对于姚谦来说,"书写的习惯是成型的"。他现在依然保有一个月少则五六篇,多则十几篇专栏稿,书写量其实很大。姚谦对写书并没有特别的感受,因为他第一本书的成型是一个突发事件。以前唱片公司离职的同事,某天突然出现,问可否将他报纸杂志上的文章整理出版。在此之前,凡是找姚谦出书的邀约都遭拒了,可是前同事却告知他已经整理好了。"坦白说我并没有那么强烈的意愿,但年轻的女孩有一个机会,我便同意了她创造自己工作生涯的这个机会。"

第一本书姚谦甚至只配合了一次拍照。"因为台湾觉得出书要露脸,要有一些漂亮照片,但其实我很尴尬。"他最后同意了,但希望按自己的方式,不想拍成娱乐的美图。姚谦找了一个本职是杂志编辑的业余摄影师，开放了自己的家来拍自己的生活起居。哪怕做自己本来不想做的事，也要遵循自己的步调，从这点上来看，他是一个对自己要做什么相当笃定的人。

☛ 创作中最有趣的，是不停寻找新的创作法

也许正因如此，想要从姚谦的书中找到与他写词、明星或娱乐圈相关内容的读者可能要失望了。2017年之前，他甚至对此有些抵触。

"我觉得写词的内容在词作品中就已经说完了，当我出书的时候，希望书中是我生活中有关的审美、阅读和思考，可是经常只要一提到写词媒体就会问到娱乐圈相关的信息，这点让我很抵触。"所以，在他的书中可以看到他写旅行，写艺术品与收藏，写关于音乐产业的思考，但你看不到娱乐圈和八卦。

2017年5月，姚谦在"豆瓣时间"上开了写词课，"我想只有这一次，我可以做一个自我整理，不只谈我写的歌，也包含我'阅读'别人的歌。"据豆瓣的编辑透露，在所有课程中，他的课程的订阅数是排在前列的。所以直到这一年，关于曾经写过的歌或是音乐部分的内容，他才愿意多说。"哪怕你问我对《中国有嘻哈》的意见，我也可以回答你。"他笑着对我说。

如果你够细心，便会发现，对于听歌，姚谦会用到"阅读"这个词来代替"聆听"。相比在书中不常能看到他写歌的内容，

在他写的歌中发现他的阅读内容反而更容易一些。比如人们熟悉的刘若英的《原来你也在这里》这首歌，就是写的张爱玲的故事。从创作者的角度，姚谦对张爱玲有着不一样的欣赏："张爱玲敢于剖析不美好的那一面，她甚至可以将一些很自私的，不是光明面的东西，借角色自我剖析出来。这对于创作者来说是一个很厉害的事。"

某种程度上，姚谦的阅读经历，就是他本人经历的一个投射。在提到年少时对他影响最大的书时，他谈起二十世纪七八十年代出版的《三三集刊》，里面记录了朱天文、朱天心等多位台湾知名作家早年的作品。而现在的他对《未来简史》《观看的方式》这样的书感兴趣。最近被邀歌时，相比起情歌，他更想写一首关于人工智能的歌。"对方答应了，但也许就这样算了。"他欢快地摊了一下手。

在面对关于写词和写书哪个更难的问题时，姚谦并不同意有些人关于"能写短的文体写长的一定更容易"的说法。"未必，我觉得它们各有难度。"因为当你习惯一种文体，在结构用词等方面胜任度是最高的，但创作中最有趣也最辛苦的，就是不停地寻找新的创作法。

姚谦现在写歌明显比以前少了，这是他"有意"的。一是整个音乐产业的变化已不是以前繁荣的时代，还有便是自己已逐渐脱离以前的心境。"很多人找我写歌，经常会说'你能不能再写一个《我愿意》'。这是好意，也谢谢他们看得起，我也曾努力过，也交得出来，但每次交的时候就会觉得做了一件自己不应该做的事。"

在他五十岁之后,很明确的一点是生命进入倒数的感觉。"虽然你到老年还有一段时间,但会把这段时间用在更理想的思考上。"除了在时间上给自己更多的自主权以外,他也希望创作上有更多的自由空间。

为什么反感沉溺小确幸

在写词之外,姚谦关注的问题要更加深刻。

比如,他在2016年金马奖音乐部分的评审后,写了《我的少女时代》电影插曲《小幸运》的评论:随着电影在商业上的成功而流传在台湾的大街小巷,从心理角度看,此曲符合了台湾此刻沉溺小确幸的状态。

为什么会反感这种沉溺小确幸的状态?姚谦当面做了解答:电影创意是不错的,是很好的娱乐片,那首歌在电影里也是很恰当的。但当大家都把小幸运当成是生活的代表的时候,虽然当时只是小清新地描述一件事,却没想到被各种造句使用变成一个生活符号——我们对未来的兴趣不大,对别人的兴趣不大。"现在倡导的就是大家不要看外面的世界,来分享一些小小的快乐。什么叫作'小小的'?另一个意思就是,那些快乐是捂住耳朵的、蒙上眼睛的,只沉浸在回忆里面的小片段。"

从"小幸运"到"小确幸"价值观的鼓吹,包括现在流行的从美食、化妆品、健身到秀一些心灵鸡汤的公众号，姚谦看到了一种潜在的危险："网络理应是更开阔更多元的，但现在大家开始只阅读自己感兴趣的，因为网络会按照你的兴趣推送，反而将生命放在一个既不深刻，广度又不够的世界里，造就了人们窄小的价值观，因为阅读绝对会影响你的思路和判断。"

他提倡的阅读方式是，"一定要寻找你没有兴趣的阅读"。如果你喜欢文学，也要看看生物、科学、哲学和物理，因为只有开阔的阅读才有更丰富的判断力。但也不能回避掉网络上的阅读，如何筛选掉高达八成无营养的内容便需要判断力。

所谓初老未老

这种开阔的阅读对他来说很有效，比如关于五十岁后的生命的倒数感，科学方面的阅读便能缓解这方面的恐慌。

姚谦说他是一个自我敏感的人，对身体也同样如此。最初感到衰老的迹象，是有次下楼梯时连跳三级，膝盖突然就疼了。"那是肉体上最清晰的记忆"，他一直属于外向好动的人，走路永远不会走直线，下楼梯永远不会一级一级下，在那之后让自己习惯逐级下楼梯就花了很长时间练习。

另一个明显的迹象是记忆力的老化，"最明显的是名字，我经常书名、人名背不出来，在采访中也常出现这样的情况"。但前段时间他看到的一个科学论述，否认了这种惯常以为的思路：

并不是因为我们老了而记不住，而是因为脑容量中的数据过量时，就像电脑存储过多在抽取时转换就变慢了。从脑中常常找不到答案的是数字和人名，因为那是档案的源头。"原来并不是我们记忆力老化忘记了，而是因为你现在脑子里的数据比年轻时多很多，所以速度怎么可能会跟以前一样快。"这个论述，让他对衰老有了一个乐观的解释，我们很多的恐惧害怕都是因为未知，但你了解以后，就可以跟它和睦相处。记忆并不是人脑最好的使用方向，思考才是人脑利用得最有价值的方向。

又或许，对于这个话题他一直都是乐观的，就像在书中他一直用的词"初老未老"——把"老"说得比较轻一些，就没有那么多沉重和悲伤感。姚谦说他不觉得"老"是肉身开始退化消失那么粗浅的解释，"初老更多是在体会一些你的身体的变化，而透过那个变化去领悟一些时间存在的价值。"时间的价值，在姚谦身上好像因此而显得特别丰富。

就像他的自白：我应该是比较多面的人吧，对很多事情好奇，不愿意固定在一个形式里面，是个略微过动的文艺中年，最大的兴趣就是工作、思考、旅行以及嘲笑自己。我们所知的自己，只是全部自己的很小部分，而他愿意，每一刻都像个新探索者般站在地平线上，仰头看着周围一切。

于是
我问我的心

☾ 简洁：书籍出版和唱片出版，都在向数字化发展。您说过这十年来，没有一日停止思考音乐产业该如何存活。对于文字出版业来说，这个命题会更难一些吗？

☾ 姚谦：其实出版业最大的问题不是电子书。如果去亚马逊，你会发觉大部分喜欢阅读的人还是经常抱怨，比起电子书还是喜欢看实体书。出版业最大的问题是大家阅读的趣味改变了。网络短文的盛行，让人们很难长时间关注一本书，不管是散文还是小说，这样的阅读在减少。大家都越来越急，1500字以内，我要知道你的关键词是什么，看明白就走吧。图书要思考的是怎么让长阅读重新建立，怎么样让年轻人阅读，让消费者不要流到短阅读去。做出版要考虑阅读习惯，群众的阅读习惯对实体书的复兴而言很重要。

☾ 简洁：像一些电商重新回来开书店就有一个概念：它用实体书店培养起人们的阅读习惯，可以倒回去带动网店里书的销量。

☾ 姚谦：是的，我最近也在配合做一些这样的推广。网上的长篇电子书，其实是没有那么畅销的。我们以为电子书又便宜又轻便，读者会更喜欢，结果没有，人还是有机的生命，对于有机的那种存在感更容易认同，很多有偿阅读电子书的人到最后还是选择实体书。我们现在很多书的重量减轻了，纸张这些都有进步，在减轻重量的同时又达到那种庄重的充实感。我不知道我的观察准不准，但起码对于我的消费能力来说，书真的是各种消费中最便宜的。就像我前一阵看《未来简史》，我在家就看实体书，但是我出外旅行那几天不会把那本那么厚的书带着，我就再买一本电子书接着看剩下的，我觉得应该很多人跟我类似，所以我觉得像当当这些书店，他们这样的考虑是对的，我们就很值得去思考实体书跟电子书的互相支持。

简洁：现在很多书会用更好的包装或推广营造一种购买冲动。在提到音乐产业时您说过"我们从业的人总是精细地计算着什么时候应该推出什么音乐，倒数计时、步步为营。当然，这也是唱片工业最后衰败的原因之一"。从一个产业管理者的高度，您怎么看待像文字和音乐这样的内容提供者对市场的迎合和选择的关系？

姚谦：我必须反过来跟出版社说，过度的包装其实也会妨碍阅读。人们被你的包装吸引之后，表示对这本书有一个期待，但是这个期待可能不是为需求生产，而是生产之后制造需求。我们在做一些让别人有购买欲望的书的同时，其实越来越多生产的是包装漂亮，看起来无负担的书。台湾有一段时间七八成的书是所谓的"使用书"：星座、算命、减肥、健身、美食、美容化妆，等等，我不是说这种书不好，但是当它比例失衡的时候，我们就失去了深刻阅读的读者群体。

于是
　　我问我的心

◐ **简洁**：您在豆瓣的公开课推出后，得到了很好的反响。目前有声书和音频端产业的兴起，能否看成是出版业的另一种出路？

◐ **姚谦**：听有声书是一个很好的发明，但是人对听音频大概二十分钟是一个上限，我在豆瓣的公开课，二十分钟的音频，文字体量差不多是六千字，因为超过二十分钟大概就没办法把听来的信息逻辑化了。因为听课不是对话，对话的时候双方的回应不断地在刺激你。但是有声书有一个实体书没有的功能，它有比较轻松的陪伴感，例如将《我的前半生》说成故事，每次二十分钟就很适合，听的同时还可以做另外一件事，因为那个信息不需要有所思考，所以有声书是值得发展的，因为很多人可能没办法有专注的阅读时间。还有老人，在有视力问题后，如果他有长期阅读的习惯的话，这也是他可以接受新资讯的阅读方式。

◐ **简洁**：最后，能给读者推荐几本书吗？

◐ **姚谦**：首先是一本我在车上看了大半的书，《待月记》，是一位台湾的年轻作者柳丹秋写的。他讲的是二次元的东西，是我完全不熟悉的一个状态，但是写得很精彩。然后是《未来简史》，我觉得这本书有很多的观念，是需要对照现在的产业状态来看的。大家都说没有《人类简史》好，但我觉得《人类简史》是一个已知的历史，它只是把论述调整，但《未来简史》是一个推测，等于是用一个推衍法来推测，难度是很高的。我非常欣赏和佩服作者的逻辑推衍，虽然我觉

姚谦

得里面很多推断可能是错误的，但我还是觉得很佩服。

*

2019年，我第二次采访姚谦，是在他《我们都是有歌的人》这本书出版之际。随着做采访时间越来越久，我第二次采访的人物开始多起来。姚谦的变化，我上次没问的问题，这次可以尽情问个够了。在他之前六本书中，他都刻意避开不写他曾经的工作重心流行音乐，而是分享旅行故事和生活。而这次他用一整本书来谈论这一话题。

我问他决定做出这一改变的原因。他反问我是什么时候采访他的，我算了一下，刚好两年前。他说，那差不多。在接受我采访前后那段时间，他收到了豆瓣时间做音频栏目的邀约，"他们第一个邀约的是白先勇，讲的《红楼梦》，然后是杨照讲《史记》，再有北岛谈新诗，然后还有我来谈流行音乐的文本，因为他们认为流行音乐也是一种文学，我当时特别高兴，因为这个态度让我答应了这件事。"做得很紧张，很吃力，也很有成就感。对于别人在微博中问他，"你能不能分享写词的方法"时，他一直都不回应，因为他觉得创作是很难被教授的。但他觉得也许透过他怎么阅读，分享他当时写这首歌的动机和写的方法，可以让别人有一些想法：原来姚先生是这么看歌词创作的。

而音频终究还是生活中抽空更新的方式，文字阅读是比较专注的，所以后来将音频整理成文字结集出版。虽然在出版时，几乎接近于重写了。谈起出这本书的感受，姚谦这样总结："我觉得生活就是这样，之前我真的就是回避，连书的腰封我都觉得别

于是
　　我问我的心

再找合作的歌手或明星写推荐语,我就觉得特别扭,不愿意多提以前工作内的事,就是想回避。可是没想到我居然专心地做了一本跟流行音乐有关的书。所以说,生活会教我们往哪里走。"

生活会教会我们往哪里走

简洁:您上一本书的书名也是和歌相关,这次终于直击歌曲创作,毫不回避。和之前写书相比,有什么不同感受?

姚谦:我觉得最大的不同是《我们都是有歌的人》是真的在对歌进行分解的聆听阅读,而上一本是当时我在定书名时才想到这个书名,然后再补了一个序。"如果生活是一首歌",当时我突然觉得生活中的片段可以独立地去记忆它,就如同我在写它的时候,如果我写一首歌是有主题的,那我在写生活感想或阅读的感想时,就好像在写一首歌一样,因为我专注在解读上,所以才想出这个书名。这次我就真的是一首歌一首歌地写,去解读它。

简洁:如今回头看来,歌在您人生中的意义是什么?

姚谦:我常会说,当我们专心听一首歌的话,它会让你的生命里、记忆里有歌的颜色，音乐对我来说像是一种颜色，如果说旅行是一种滋味，文学像一种气息，这么比喻的话，我想把歌比作颜色。

☙ 简洁：在这本书中我们注意到，您不仅介绍了自己的创作谈，也从专业角度分析了很多您没有参与作词的歌曲。为什么会进行这样的安排？

☙ 姚谦：当你做一个课程的时候，你要尽可能客观。我客观的立场就是从创作者和聆听者这两个角度去收集资料。创作者就是有一半是我自己写的歌，聆听者就是我听过的歌，时间段是从我还没有写歌，还没进这个产业，纯粹只是一个听众开始，一直到我后来半退休了不做音乐管理，不在产业内做事了，之后我更放松地听年轻一代的创作。我当时是有设定宽度和角度的，所以一半是我写的歌，一半不是我写的歌。那不是我写的歌，从早期的罗大佑——那时候我就纯粹是一个听者，到最近的唐映枫、陈粒都是很独立的音乐人。我就纯粹聆听，有感想就把它写出来了。

☙ 简洁：在解析李宗盛的《山丘》和《生命中的精灵》时，您提到一个比较有趣的对照，您说他在年轻的时候写自己早已阅人无数的感慨，到了中年就发现自己还没有成熟，这种对照在您身上也存在吗？

☙ 姚谦：当然，很多的经历是你正好在面对，然后阅读别人的作品时发现了。你之所以会发现,是因为你正好在经历、在感受自己。我不知道这个观点对你来讲是不是特别有趣,或者觉得有点道理,但我真的是在经历,经历中年的后端,进入老年前期。其实人生的经历,要当我们寄托于音乐、文学、美术等这些进行对照时才明白。我记得那时候我在听李宗盛的《寂寞难耐》,我是刚进入音乐圈的新人,对音乐圈充满了各种好奇。李宗盛早我几年,他那时候第一次出专辑,他在幕后当了一阵子的制作人。我觉得这虽然是有点放大的书写,但是也很诚实,就是年轻的男子的寂寞。当时他很年轻,刚上三十岁,在写《山丘》的时候他经历了工作事业的起伏,婚姻聚散等这些事情。我感觉最强烈的是,他觉得老之将至,他其实是有这些感慨的,所以我就把它来对照了。

简洁:您是在什么时候感受到您身上有这种对照的?

姚谦:我很难说是从哪一天起。有一个最明确的事情:我决定不再做管理者的角色。我突然觉得生命是有限的,我更想体会一些事情。想让时间的主权由我去分配,而不是因为整个产业的起伏,把我的时间、生命投入进去,从而失去了很多的自己。那一段时间我已经发现一件最重要的事情,当你意识到你是中年的时候,你不像年轻时候说,接下来我想计划什么,我希望明天做什么,一个月后做什么,五年后做什么,你会发觉未来是限量的,你在倒数了。这是一个很强烈的思维的转换,所以也感受到别人早就开始在思考这件事了。

姚 谦

❦ 简洁：读这本书时会认识很多小众音乐人，唐映枫就是其中之一。《我纷扬的世间》这首歌中，您提到"小城油腻，半生的欢愉"是最让您惊讶，最打动您的一句。是在哪座城市的生活让您有了感触？

❦ 姚谦：很多欧洲的电影或小说中，有很多描写，特别是描写一些文人，他们在一个小城镇里经历了大半生。他的大半生也许不是特别坎坷，但是你会发现那是一种情境。就好像最近我常说的，我自己觉得小说和电影中，时间地点很重要，当时间地点的描述很舒服的时候，那个故事就充满了风情。地点是一个很重要的风情。唐映枫来自四川的一个小镇，他也写了一些他的成长过程，我就觉得他文笔真好。当这首歌出来的时候，我就觉得一个城镇也许面积不大，反而更凝聚了这个小地方的色彩、气息和味道。而他那句歌词写得特别打动我，因为可以在一首歌里面感受到创作者生命中的某些片段，那个地点的那种气息，而那句歌词正说了这些，我觉得写得非常贴切。

❦ 简洁：在《窗外的天气》这首歌的创作谈中，您提到张爱玲对您创作的启发。而在这本书写歌词创作的部分，我们也能得到许多关于文学写作的启发，您在写作时有考虑这一点吗？

❦ 姚谦：有，绝对有。前一阵子有一个专访记者，花了很长的时间，跟了我很多的活动，还有两次很深的对谈，之后写了一篇我的个人专访。他提到一件事让我印象很深，他问我

于是
　　我问我的心

知不知道在网上搜姚谦的歌词最常出现的是什么，我自己都不知道，答案是"蓝天白云"。他问，为什么我的歌词里面蓝天白云出现次数那么多？这就正好呼应到状态、地点和情境，在书写中，把场景给定出来之后，再集中发展，写一个城市。写小说，也一样。那我经常会用蓝天白云，也许我的潜意识里面有什么原因，以至于喜欢用蓝天白云来定义时空，我到现在还在思考这个事情，这点可能跟阅读张爱玲有关系吧。所以有很多事我们当局者迷。

后记：提笔时窗外的天气

我非常喜欢和采访对象谈创作，这感觉就像是上大师写作课，每一次采访都让我对写作有更进一步的感受。

在《我们都是有歌的人》这本书中，姚谦谈到写萧亚轩《窗外的天气》这首歌的歌词时说，这不到两小时写出来的歌词是受到了张爱玲的影响。"她的小说总是从细腻的环境描述开始：有时通过描写光线的移动，暗示读者故事发生在什么时间、什么季节，然后把大家带入特定的情境里；有时则会从一个小物件开始写，引导读者聚焦于那个小小的空间，并借此暗示主角的处境。季节更替，天气变化都与时间相关，是很好的切入点，读者容易被带往创作者早已设定好的情绪和氛围里。"

但季节更替和天气变化，除了与写作有关之外，还与引出的记忆有关。就像我第一次采访姚谦已经是整整两年前了，我还记得采访那天的雨。我们的采访从那场雨开始持续了两个半小时。姚谦很健谈，采访完邀我一起去吃了晚饭，书店人员又帮我和他拍了一张合照。在我做过的采访中，这应该是氛围最好的一次。

于是姚谦老师再出书时，出版社编辑找到我，问我愿不愿意再采访时，我立马就答应下来了。对于编辑和我自己来说，上次采访的印象都还很深刻。在编辑告诉我和姚谦老师开会时说过采访的事之后，我直接找到他的微信，和他约采访时间。没想到的是，他那边回过来的消息是：请问您是哪家媒体。

当时的心情有些复杂，除了失落之外，还在于当时我正在准备新书出版，原本打算请他写一句推荐的。看到那条消息后，我心里觉得大概是不成了。但后来采访进行得很顺畅，我们聊了和时间、地点相关的创作法，他讲到袁泉的第二张专辑。我突然想起来，这是上次采访时我问过，他没有时间讲的问题。不知是不是巧合，从这个问题开始，我真切地感到了两年前采访时的那种熟悉感，于是状态也越来越松弛。到后来，姚谦像认识的朋友一般问起我的写作和写小说的近况，我顺势告诉他，我的新书要出了，能否请他做推荐。他表示很乐意，很快就把推荐语写给我了。

采访后，我愣了一阵才反应过来，我觉得已经不可能的事，就这样轻松地解决了。我确信他真的想起了上一次采访的情境，对我的文字和人都拾起了印象。就像他说的，季节更替，天气变化，这些与时间有关的一切都是引人进入情境的切入点。

翻出第一次采访时，我记录下来但没有写进采访的一个片段，

于是
　　我问我的心

是姚谦谈到为《我在故宫修文物》大电影制作主题曲的故事。

可能很少会有人把这个IP和姚谦联系在一起，事实上电影版的主题曲《当我在这里》是姚谦担任制作人，找陈粒一起合作的。这首歌的词和曲单独拿出来都很妙。

千丝万缕其中一系
安静是穿越的羽衣
闻到秋光
沐浴蝉鸣
你在时间的那里　而我在这里

风铃声响，弦乐一起，一种新鲜又古远的感觉一下子激起了心里的涟漪。如果不去看署名，这不是印象中的陈粒，也不是印象中写出《我愿意》《味道》《鲁冰花》《最熟悉的陌生人》这些歌的姚谦，这是一种完全超乎刻板印象之外的感受。

姚谦当时慢慢对我讲述着被我错过的这部电影的配乐，为什么放弃古筝、二胡、琵琶等传统民乐，为什么会选择陈粒这样年轻的创作歌手。"我看了那部纪录片后，就觉得这是年轻人视角下的故宫里的故事。"学徒有年轻人，老师傅们也有和现代相接的爱好，他们身上这种工匠的坚持和质朴，并非隔绝现世的，而是与现代相连。所以没有比钢琴的声音更能表达工匠拿着工具一直不变的持续的敲击声。

这个片段只是我采访中很小的一部分，虽然电影已经上映很久了，但这个小插曲始终让我有些在意：原来在刷网页时几秒钟就判定不值得我花时间的东西，有人在背后做了这样精细、周全、深刻的考虑。

就像之前我看过的一部韩剧，是轻喜剧，嘻嘻哈哈看到过半，却有了一个悲剧结局。编剧创作谈里说，希望借主人公让在现代的年轻人去思考活着的责任和命运。编剧说得很挚诚，看剧时完全想不到的深刻用心让我非常意外。我把这个故事告诉正在写剧本的朋友，她说，如果编剧做得更好，他应该让观众感受到这一点，而不只是说出来大家才知道。

同为创作者，心下有着好奇和警醒：我们需要做到怎样的百分百，才能让人们看到那百分之一。而我们做的百分百，大概也是在时间里留下的痕迹之一。

袁筱一　文字的性感有多种呈现

袁筱一　翻译家。华东师范大学法语系教授。2018年获得第十届傅雷翻译出版奖文学类奖。译著有《生活在别处》《流浪的星星》《一个孤独漫步者的遐想》等。

袁筱一

我的文字几乎都是从翻译中衍生出来的,在他人铸就的躯壳里意犹未尽,忍不住要画蛇添足。似乎交代的是别人,但明眼人一看就知道,捧出的全是自己。

——袁筱一《最难的事》自序

采访袁筱一是在2016年,数年过去,她仍然是我采访过的人物中,记忆犹新的一位。

我很容易对有趣的人产生兴趣,大概是因为我本人缺乏这种特质。在做采访功课时,在袁筱一的翻译成就之外,有一个素材引起了我的注意:袁筱一的学生回忆起她以前上课时给他们讲自己的大学时代的逸事,总觉得她上大学的时候好有意思,她的生活果然和我们不一样。

虽然我离开大学很多年,我心中还是有一个愿望:自己能像哈利·波特一样,有像邓布利多这样的一位导师。

身为教师的袁筱一深深吸引了当时的我。她上课从不点名,因为她"从来不想把自己的结论——无论是哪方面的——强加给别人"。"世界有很多可能性。"袁筱一说这是做了这么多年的翻译,她受到的教益之一。她最希望传授给学生的,是思想的能力。她会告诉学生,二十五岁之后不要熬夜,她会把"爱自己"

于是／
我问我的心

这个话题讲得充满哲理：懂得和自己保持距离，懂得节制，懂得自己作为主体的有限性，这些都是体恤自己的方式。

问及推荐给年轻人的书目，袁筱一认真思考了答案，推荐了《理智与情感》，虽然这并不是她的阅读趣味。而理由足够学术：如果不理解西方的文学传统，会对作品的理解产生偏差。

这样的老师，讲起文字的性感，不管作品的阅读门槛多么高，你都是愿意去试一试的吧。

在她的文集《我目光下的你》中，她这样讲昆德拉和巴尔扎克："昆德拉和巴尔扎克一样恶毒，他用玩笑的手法触碰到了人性，碰触到了我们有可能忽略的关于我们自身存在的种种矛盾，碰触到了你和我一直都躲避着不想正面撞见的东西……他瓦解历史、瓦解英雄、瓦解感情、瓦解浪漫，瓦解我们背后的一切，瓦解了可以帮我们承担责任的一切替罪羊，瓦解了我们可以失掉责任的去处。我是在长大以后才明白崇拜英雄和崇拜历史意味着什么，那么多人躲在金庸的小说里温习童话意味着什么，迫不及待把光环套在别人头上意味着什么，爱上一个所谓优秀的人又意味着什么。这一切都不过是个支撑，支撑我们在各种环境下可以毫无责任感地继续下去。"

我希望遇到这样的导师：既浪漫又深刻，既理智又能共情。她能带你感受到文字和语言的魅力，既复杂，又迷人。

这大概就是袁筱一为什么会成为一个低调而吸引人的名字的原因。

在这个译者大多不显的时代，她的名字是足以让人买下一本法语译作的理由。十岁开始学法语,十八岁写的《黄昏雨》获得法国青年作家大赛第一名,二十岁翻译了第一本法语小说。在法语系的后辈心中,她是偶像级的存在。

袁筱一不常接受采访,但通过见过她的人只言片语的描述,就能引起你对她的好奇:她不仅有才,而且有趣;而她的生活状态,自我又随性,当得起浪漫二字。采访袁筱一之前,我其实有些惶恐。才女总是有些性格,我看过陈丹燕十多年前对她的采访,十九岁的她回答里透着冷静超然的聪明劲,反衬得采访问题有些想当然。

但实际接触下来,现在的袁筱一可亲又包容。她说,这世界不需要那么多天才,她教年轻人体恤自己,比起自我,她其实更多提到世界。也许正像她说的,和很多人的想象正相反,她其实并没有那么"浪漫"与"感性"。她也不否认自己的曾经:"年轻时候或许是这样的,因为在年轻的时候,如果我们不夸张而激烈地呈现内心的感受,以后就再也没有这样的机会了。"

如果我让人觉得有趣,那不过是因为叙事有趣

简洁:作为著名法语翻译家,您自我而有特色的翻译令人

着迷。从《流浪的星星》到《生活在别处》，再到《杜拉斯传》，您的译作受到了很多人的喜爱。您之前引用过刘小枫的话，"我们要用文字的性感抵御存在的死感"，在您的翻译作品中，你觉得最能体现这种"文字的性感"的是哪一部？

袁筱一："最"字很难说，"文字的性感"也有多种呈现。我翻译的大多数是二十世纪的法语文学的作品，而二十世纪法语文学作品最大的特点应该说就是多样性吧，叙事的多样性，语言的多样性，写作方式的多样性。勒克莱齐奥以语言的纯净、有力见长，这是一种性感；昆德拉以其叙事对时间和空间的突破见长；杜拉斯以其对语言和文学传统形式的破坏见长，这些又都是不同形式的性感。我译的其他一些当代女作家的作品，例如玛丽·恩迪亚耶的《三个折不断的女人》，还有玛丽·尼米埃的《沉默女王》，她们在语言和主题方面的探索也自有迷人之处。事实上，通过所谓"文字的性感"，我想说明的只是文字可以给我们另一个世界，倘若说在我们的现实世界里，我们无可选择，不得不应对很多的不美好，文字带来的世界却是既复杂，又迷人的。换句话说，我们很可能无法接受现实中的黑暗，却可以爱上文字世界里的黑暗，有多少人不为顾城的那句"黑夜给了我黑色的眼睛，我却用它寻找光明"所魅惑呢？文字给了我们无穷的魅惑，延展我们的理解空间，丰富我们认知的可能。

简洁：您十岁就开始学法语，但在本科毕业前，您说除了长时间、没有功利目的的阅读之外，还不知道未来要做什么。您毕业那时也会有找工作的困惑吗？

🕭 袁筱一：其实也一样。现在我有时也会和我的学生探讨这类问题。或许是教育的缘故吧，年轻人很难知道自己喜欢什么。或许也知道，但是因为价值的单一，选择大学的专业，乃至后来选择职业，很难选择自己喜欢的，因为不是我们这个社会定义的"成功"道路。而与我们相比，今天的年轻人压力更大，竞争也更激烈，如果没有上一代的扶持，谋生也更艰难。对他们来说，仅仅凭着喜欢，确实是不太可能的。这也许可以证明，我们远远还没有进入发达社会吧。

🕭 简洁：二十世纪九十年代，您同系的同学大多去了外企，您选择到南大教书，读完博士之后，到二十六岁时又选择去了外企工作，四年之后又回来做学术。您怎么看待自己这"出走"的四年？

🕭 袁筱一：这是我的一段特殊经历。当初"出走"的原因也挺简单，从五岁开始读书，到二十五岁博士毕业，包括从二十岁之后开始教书，当时我所有经历都是在学校里完成的。很顺利，可是也未免有点不甘，所以就选择了离开。我现在仍然很看重自己这段经历：是在这四年里，我放下了自己，我开始审视过去二十年里，我性格中的一些问题。企业不都是《杜拉拉升职记》里的那个样子，学校当然也不是象牙塔，关键当然还是在自己。我觉得人在年轻的时候多经历一些事情是好的。当然，这和我的性格相关，我的欲求从来不多。如果你在职业上的既定目标非常明确，没有规划的"出走"也可能会很浪费时间。而且，这个世界的节奏变得越来越快，对于现在大多数渴求"成功"的年轻人而言，四年也未必浪费得起。

简洁：对您的形容词中，有两个出现的频率最高，一个是"有才"，一个是"有趣"。您上课时给学生讲自己大学时代的逸事，他们总是感叹"好有意思！她的生活果然和我们不一样"。您觉得怎样才能成为一个"有趣"的人？

袁筱一：我不觉得自己是个很有趣的人，也远远不像现在的学生那样多才多艺。有时候我甚至觉得自己的生活是很单调的，都只是在语言的世界里转圈。做翻译、写文章，哪怕是躺着发呆，都是在和语言较劲儿。如果说我讲述的大学生活回忆让今天的学生觉得有趣，那不过是因为叙事有趣。所有的叙事都是有趣的，仔细想来，我还是大学生的时候，一定不觉得那样的生活有什么趣味吧。每天也都是上课，找些情感的波折，友情的，爱情的，等待奇遇。换句话说，今天觉得自己生活很无聊的学生，若干年后，作为回忆的一部分，一定也会有些趣味的。

至于"有才"，我也不敢随便领受如此评价。如果要我评价我自己，我宁愿说，所谓"有才"的假象，可能是这几点原因造成的：第一，我不是一个把什么事情都看得很严重的人，所以做什么事情大概都不显得非常吃力；第二，和文字打交道的时间久了，或许在有些事情上，效率算是高的；第三，我不太做我不擅长的事情，比如我是个技术上的白痴，我遇到技术问题，宁愿求教于高手，也不愿花时间去探索。

◎ 简洁：在翻译家的身份外，您也是个受欢迎的老师。很多人表示，希望有像您这样的老师。您上课从不点名，据说有一次来的人少了，您干脆就带他们一起去爬鸡鸣寺。教到彩票、扑克牌、杂志这样的词汇会带道具，让学生有很多生动的感性体验。作为老师，您最希望传授给学生的是什么？

◎ 袁筱一：从不点名，是我从来不想把自己的结论——无论是哪方面的——强加给别人。世界有很多可能性，这是做了这么多年的翻译，我受到的教益之一。我希望人人都有探索属于自己的可能性的机会。至于感性体验，那只是偶然的，我也不太赞成把课上得像是表演，虽然我很羡慕那些具有表演天赋的老师。说到最希望传授给学生的，我想还是思想的能力。很遗憾，我们的基础教育不太能够给学生这些。到了大学，想要有所转变也有些迟了。我遇到的学生，有相当一部分更注重学的东西是不是有用，更看重技术，他们的确比过去的我们更加聪明，只是有些可惜，他们往往离自己能够掌握的智慧越来越远。虽然我做不了很多，但我希望，学生和我在一起的时候，能够多多少少发现一点读书、思考的兴趣吧。

于是
我问我的心

◎ 简洁：南京、上海、巴黎，都是对您而言比较重要的学习和生活过的地方。对于上海，您曾这样形容："有了伤口的人应该选择上海这样的地方休息……而在上海谈任何伤口都有煽情的嫌疑，上海人没有时间受伤。"相比之下，南京和巴黎在您看来是怎样的城市？

◎ 袁筱一：我是在南京出生的。可能因为我父母都不是南京人，所以，不知道为什么，我对"家乡"这样的词不太敏感，也没有非常喜欢哪个城市。有时候出差，或者旅游，每到了一个城市，只要经历愉快，我都会觉得好。在我看来，南京是个不大不小的城市，有着大城市的所有毛病，不过有些地方，到底也还有些小城市的安宁。至于巴黎，我从来就不是那么喜欢，不知道为什么，这个城市就是让我没有安定感。可是，巴黎对于游客而言真是个好去处。如果让我作为一个过客在那里生活三个月，一年，甚至五年，我还是会很欣喜的，因为有太多的地方，可以慢慢地，一点点地看；如果你告诉我，我永远就要在那里生活了，我想我会有些害怕。

非虚构作品对于世界有着深刻的同情

◎ 简洁：最近在看您翻译的《幸福，一次哲学之旅》，它为"幸福"这个现在有些"鸡汤"化的词提供了有框架和深度的思考。您对幸福的定义是什么？

◎ 袁筱一：我对幸福的定义也很简单，就是有能力和自己、和这个世界和平相处。我相信幸福是一种能力，掌控自己，并且通过掌控自己掌控与自己有关的世界。如果不那么抽象，我觉得幸福首先是自己内心的平衡。正是自己平衡了，才可能宽容地对待别人，宽容地对待这个世界。很可惜，在今天这个"最好的时代，也是最坏的时代"里，很多人都没有这样的能力。

◎ 简洁：比起小说，您现在译社科、学术著作更多些，您说想尽量跟自己保持一段距离，这样能够客观冷静地观察和反省。这是否是您对"自我"和"感性"的一种调整？

◎ 袁筱一：也许吧。和很多人的想象正相反，我其实并没有那么"浪漫"与"感性"。不过翻译选择的改变，也不完全是离"自我"和"感性"远了的缘故。法国当代的小说有相当的一部分也并不是那么"自我"和"感性"。只是我觉得，比起虚构作品，非虚构作品也有它的好。如果说文学负责质疑，不负责解决，非虚构作品却是可以开启某些解决的通道，至少，它对于世界，不是仅仅抱着一种冷酷的嘲笑态度，而是有着深刻的同情。

◎ 简洁：现在有很多人感叹，这是一个不利于文学和翻译的时代。译者很多，好译者很少，译者的生存情况很糟。在这样的时代环境下，对于想走这条路的年轻人，您会怎样建议？

于是
  我问我的心

袁筱一：这的确是一个不利于文学和翻译的时代。我们过多地沉溺于"有用"与"无用"的评判，很少思考"价值"的问题。因而，无用而有价值的所有东西，包括文学，在今天都会面临困境。中国的文学翻译尤其面临挑战，因为既不完全遵从市场规律和市场的规则——甚至规则还没有建立——也不完全遵从既定的价值观。可是在这种情况下，仍然有人在做文学翻译。我一直说，做文学翻译的一定不是为了生计，而是为了喜欢。所以，如果今天还有年轻人愿意做文学翻译，我觉得我们的翻译批评还是应该以正面、积极的态度为主，而不要一味地抱怨翻译质量低下，译者能力不够，等等。想想我们的教育，我们的社会究竟为这些年轻的译者提供了什么？

简洁：相比文学作品翻译的冷清，现在影视作品的"字幕组"很是活跃，许多年轻人不计报酬，义务投身其中，虽然良莠不齐，但有时字幕组的出品比影院外译片还要好一些。您怎么看待这一类的翻译在这个时代所起的作用？

袁筱一：这些年轻人就是出于喜欢，有了喜欢，就有了价值，就有了不计报酬的义务劳动。还有一个原因是我们已经进入网络时代，在网络时代，文学的生产和传播方式都发生了巨大的变化。我觉得我们应该接受这种变化。当然，网络时代同时也冲击着我们传统上对文学和翻译的认知和理解。就我个人而言，我挺欣赏这种"字幕组"的翻译的。

☾ 简洁：您的学生回忆起您，除去法语和文学，您给他们最重要的其实是"二十五岁之后不要熬夜"这条建议，说您"现实中是个懂得体恤自己的女子，并且把这一点教给她影响半径之内的我们"。为什么会想告诉他们这些？

☾ 袁筱一：我也就是说说而已啦。我自己经常熬夜，正因为是个坏习惯，所以我希望他们不要有这个坏习惯。我想，爱自己应该是我们的人生经历中非常重要的一课。如果你不爱自己，也爱不了别人。如何比较健康地爱别人都是从爱自己的过程中习得的。你对于这个世界的贡献也取决于你是否会用合适的方式爱你自己，爱别人。懂得和自己保持距离，懂得节制，懂得自己作为主体的有限性，这些都是体恤自己的方式。我们的确发现，很多天才都不是那么爱自己，所以他们经常伤害自己，也伤害他人。可是，这个世界其实并不需要那么多的天才，世界是平常人组成的，需要大家都安于自己的岗位，喜欢自己的岗位，也喜欢在这个岗位的自己。

☾ 简洁：最后，请您给二十五岁左右的年轻人，独家推荐一本书吧。

☾ 袁筱一：如果是给二十五岁左右的女生推荐一部外国经典，我挺愿意推荐简·奥斯汀的《理智与情感》。因为这本书可以作为一个即将成熟的女性的情感教材，而且读起来很轻松。虽然我本人的阅读趣味在当代，也就是说二十世纪以后的文学，所以我很少推荐这样的作品。但因为如果不了解西方的文学传统，阅读当代的作品也许是有阅读风险的。例如杜拉斯的《情人》，村上春树的《挪威的森林》，倒不是道德上的风险，而是对叙事，对语言的理解的风险。

后记：在文学的质疑之外

采访袁筱一的时候，她翻译的弗雷德里克·勒诺瓦《幸福，一次哲学之旅》刚出版。编辑寄书过来，我看的时候有些惊讶于这样一本法国哲学书，文字都如此容易理解而且有美感。挑书挑翻译，此言不虚。袁筱一的知名翻译作品中，小说居多，但查了她近年来翻译的著作后，我注意到她翻译倾向的改变，更向社科、学术著作偏移。她说，和很多人的想象正相反，自己其实并没有那么"浪漫"与"感性"。而更重要的，是比较起虚构作品，非虚构作品也有它的好。她的一段话让我至今印象深刻："如果说文学负责质疑，不负责解决，非虚构作品却是可以开启某些解决的通道，至少，它对于世界，不是仅仅抱着一种冷酷的嘲笑态度，而是有着深刻的同情。"

大学时由于专业的缘故，我在那几年的阅读几乎都是以学术类和社科类著作为主的，我一度认为这样的阅读构成影响了我大学时写作的成长。在工作之后的自由阅读的时间里，我会更倾向于弥补我在文学上阅读的缺失。非虚构类的学术著作在论文之外，如何可以影响写作这个问题，我并没有仔细思考过。袁筱一提出的非虚构作品"开启某些解决的通道",某种程度上点醒了我。

我们在虚构的作品中改变世界,在非虚构的作品中认识世界。不仅如此,非虚构作品还提供了思考路径和解决方式。这种路径可以成为自己在虚构世界构建的精神骨架,为作品的走势指明方向。这种认识让我激动的是,前几年的学术阅读并非于现在无用,我总把两者割裂开来,觉得即使有影响也是潜移默化,但其实它的作用也许会更直接一些。

就像袁筱一对幸福的解读:"我相信幸福是一种能力,掌控自己,并且通过掌控自己掌控与自己有关的世界。"这种掌控力是更加切实的,主动的,关于世界的掌控也是由内而外发生的。年轻的时候,我总是倾向于写作的灵感论,期待于被动的灵感的获取。但也许,主动地掌控世界才是更坚实的方式,无论是写作世界,还是现实世界。它需要更多直面世界的勇气,需要更多地去寻找解决问题的方式,需要在质疑世界之后,还能坚定地去寻找答案。

曾孝濂　艺术就是深深地凝视

曾孝濂　中国科学院昆明植物研究所教授级画家。长期从事科技图书插图工作，已发表的插图有2000余幅。在四十余年的科研和艺术生涯中，参与完成多项科学研究项目，先后为五十余部科学著作画插图。出版《中国·云南百花图》《中国云南百鸟图》等个人画集。

曾孝濂

人认识自然，总是从局部现象和细节开始，任何一个生命个体都包含着宇宙的无穷信息，尽管我们的认知肤浅，不能解读信息之万一，但仅就生命现象的智慧和神奇，已经可以领略到造物者鬼斧神工的创造力。

——曾孝濂《云南花鸟》

1996年到1999年期间，我沉迷过集邮。每年过完新年，都会去邮局买一本当年的纪念邮票，持续了好几年。后来再用邮票，是和好友写信，没有特别去搜集好看的邮票，就买邮局里最常见的，如果买的时候还有选择，那就挑一挑。

如果你在这十几年中有寄过信，大概或多或少都会对邮票有印象，特别是中国鸟的那张邮票，曾是邮局最常见的邮票之一。

我从没想过以前集邮的经历会让我收获什么，然而采访最迷人的地方，就是不时会和曾经的经历相照应。当我准备为深圳第19届国际植物学大会做专题，要采访植物科学画家曾孝濂时，我还没想到，我要采访的，就是二十年前所收集的邮票的作者。

采访曾孝濂老师，是2017年国际植物学大会筹备阶段他来深圳出差的时候，行程非常紧，但他还是在最后一天上飞机前，提前到机场接受了我的采访。七十八岁的老人，没有带助理，自己带着行李，行动非常利落。一问才知道，这次来深圳之前他刚刚出院。他是那个年代的知识分子，提到一些专有名词，英文流利。

采访结束后，他坚持不要我送，自己推着行李车熟练地找到安检老人通道，笑着对我说，他常这样"倚老卖老"，这个年纪出门还很便利。对他来说，现在最缺的是时间，他却愿意为这次大会牺牲他最珍贵的时间。我希望他还能有很多很多时间，足够画完所有他想要画的。

你一定见过的植物科学画

曾孝濂先生是中国第三代植物科学画家。提起中国的植物科学画，曾孝濂先生说："客观地说它在绘画中算生物类的插画，过去在美术界很少有人参与，他们觉得这个很局限，很枯燥，好像有能耐的画家都不愿意做。"实际上，这个工作有着悠久的传承，达尔文开创的现代植物学诞生以后，博物画分出的一个分支就是植物科学画。

这个工作在科学界很受重视。

植物科学画相当于植物的"身份证"，这种专业形象的手法表述，比文字更准确，好的植物画与发表新物种的模式标本同等重要。在植物学界，植物科学画的重要性是公认的。"在美术界他们不知道，但让美术家来画他又画不了，它是一个美术跟科学之间比较小的一个分支。"他这样介绍道。

但其实，曾孝濂早就让这个"小分支"为大众熟悉。你也许不知道曾孝濂的名字，但一定用过他画的邮票。从1991年开始，他先后设计了九套邮票，其中1991年的《杜鹃花》，1992年的《杉树》，2000年的《君子兰》，2003年的《百合花》都被评为当年全国最佳邮票。最出名的《中国鸟》获得了第十三届政府间邮票印制者大会最佳连票奖，这是中国第一次也是迄今为止唯一一次获得该项奖项，填补了国际大奖的一项空白。这些邮票上的植物画，都是植物科学画。

曾孝濂在邮票收藏者中相当出名，他们这样评价曾孝濂画的邮票："他设计的动植物邮票，都是采风后一笔一笔画出来的，没有一件是在电脑上捣鼓出来的，正因如此，他设计的邮票不仅具有科学性，而且具有东方绘画特有的神韵。"

这种对植物科学画艺术性的审美，在西方其实早已流行。曾孝濂向我介绍："现在很多美国白领家庭会把十九世纪的植物学杂志复制图挂在家里，包括花的器官，解剖图等。十九世纪的植物学杂志插图很精美，那时还没有彩色印刷，而是在石版或铜版单色印刷的基础上，请很多高水平的水彩画家手工染色的，没有印刷网点。为我们早年学习经典传统植物画提供了最珍贵的范本。"

四十二年的树碑立志

但在中国，像曾孝濂这样画作为大众所知的植物科学画家其实并不多。

于是
我问我的心

虽然植物科学画有着不可替代的意义,但是随着数码电子技术的发展,它显得不再那么重要了。中国植物科学画的鼎盛时期是在《中国植物志》编撰时期,全国三百多个植物分类学家,一百六十多个画师,全部集中来完成这项工作,而《中国植物志》一完成,这一行业就进入了低谷。据说如今从事这个职业的已不到十人。

曾孝濂就是为《中国植物志》花费了大半生的画师中的一位。"这个大工程用了四十多年的时间,前前后后不是一个人,是一代人两代人,为了完成植物志,都在默默无闻地工作。特别是我们画画的,没有名,没有利,甚至最后的成果也没有我们的名字。但我们当中大部分人是出于热爱,我们喜欢这份工作。"

老先生回忆起当时的场景,"标本是蜡叶标本,有的比我的年龄还大,但我在画的时候就想把它画活,去野外或者植物园找很多参考,到图书馆去翻很多书。当我潜心观察,画写真时我就好像能倾听到它的喃喃细语,把它诉说的画出来,我就觉得一点都不辛苦,就这样一张一张为植物树碑立传。"

"这个过程,要经历很多年,需要大量的时间。"而他们这一辈人,最大的遗憾就是大部分时间都在赶任务,没有时间去揣摩。曾孝濂说:"我能有今天的这点能耐,应该说是昆明植物所宽松的环境造就的。"中科院昆明植物所当时的领导蔡希陶很开明,"我就给我们领导说,你还是应该让我们有一些自己的想法,我们想把这个画得更好。"

对于他来说,画植物科学画最大的困难不是翻山越岭,不是跋山涉水，而是没有时间。

当时各个单位要求不一样：有的就是要你快，因为有的老年人时间不多了，就不要求画得好，而是只要求画得准确。有的单位用透明的硫酸纸放在标本上用铅笔把轮廓描下来，然后拿下来一上墨线，很准确。但花需要解剖，不能这样画，因为花压干了会变形。要用酒精灯烧开水把花煮开，恢复原状，"恢复原状就是很不容易的事，因为不可能像活的植物一样，你就要查资料、画写生，这都是时间。"

在植物园工作几十年间，曾孝濂看到很多令自己特别兴奋的景观，以及一些特有的植物花卉，"但是它不是植物志需要的内容，那只有等我退休了再画。"

植物科学画的最高境界

曾孝濂退休后，时间比没退休时还紧张，"我要抢时间，把我想画的景观、树、生态环境都补出来，还有鸟类，我们到西双版纳时，每天天亮听见上百种鸟叫，不知道是哪种鸟，看鸟怎么做窝，怎么跟蛇打架……这些在工作时你没时间画，所以我一辈子都在跟时间争分夺秒。"

在这次画展之前，曾孝濂老先生已经有十几年没画植物科学画了。

"不知道是谁出的主意把我叫来，我们这一辈人活着的，可

于是
我问我的心

能除了我也找不出几个来。我现在七十八岁,要像年轻时那样画得很准确,大部分老画家都画不了,我还能画,所以我义不容辞就来了。"老先生眼里有光,"我会尽最大的努力,牺牲我最舍不得的时间,这次会开完了,我就谢幕了。"

这位画了一辈子的老先生,却依然对自己的作品不满意。"我认为植物科学画最高的境界是你要还原它的生命。客观地说我画的东西活一点,但没有达到我的期望:站在那儿它就迸发出一种生命的力量。"

这种境界,他见过有年轻人的绘画水平可以达到。"这个年轻人我跟她说你一定要用三分之一的时间画这个,拿出最好的作品。"那是辽宁鲁艺学院毕业的画家李赞谦,写实能力非常好,她最好的一幅画画了半年,老先生希望她成为年轻一辈的领军人物。

2022年,当我再联系曾孝濂老师时,他高兴地说:"她做到了,她一直在坚持,她专门为青少年画了一本植物画的书,而且出版了,画得非常好。不仅是李赞谦,还有一批年轻人都成长起来了,我们几十年走过的路,他们十几年就走过来了,我觉得他们可以完成我们没有了却的心愿,他们一定能了却我们没有了却的心愿,他们会比我做得更好。"

老先生对年轻人充满希望。他观察到,现在有了很多年轻的爱好者,"他们将之作为一种和自然的沟通,一种感性的爱好,用文字形象去记录某一种自然现象。比如同一棵树不同季节的样子,有的人水平高一点,就去画它最美的时候,开花结果的时候,这就是向过去博物画的一种回归。"就像达尔文的探险时代，到新大陆发现新物种时的记录，它不是很严格的植物画，而是对生物的一种观察，这就是博物学的初衷。

这让我想起曾孝濂先生在自己的《百花图》出版时写过的一段话："我不期盼人人都喜欢这些画，但愿看画的人能关爱大自然，它们和人类一样应该拥有生存和繁衍的权利。"这种对物种最自然最原始的关爱，大概就是他为之付出一辈子努力的初衷。

◎ 简洁：您能给我们介绍一下植物科学画和一般绘画有什么区别吗？

◎ **曾孝濂**：科学和艺术是有区别的，因为科学的本质特征是抽象，艺术的本质特征是形象，思维方式也不一样，但是科学并不排除艺术，艺术也不排除科学，植物科学画要求与艺术融为一体，要美。它们在表述植物科学一些重要的，用文字的词汇很难表达的信息时，用这样很简洁的专业形象的手法表述，比文字更准确。

◎ 简洁：您之前说过："我不期盼人人都喜欢这些画，但愿看画的人能关爱大自然的生命。它们和人类一样应该拥有生存和繁衍的权利。"这一直是您工作以来的愿望吧？

于是，我问我的心

- **曾孝濂**：我说这话的时候已经退休了。我曾经在北京动物园住了八个月，我也跑过西双版纳、滇西北、内蒙古很多地方，我除了画植物画，还看到了很多景观，很多鸟，我就想，有时间了我要来画。退休之后我果然有时间了，就画了一百种鸟，画了一百种花。《百鸟图》出版时我就说了这句话，初衷是让更多人了解在我们国土上的生灵。

- **简洁**：据说您的画稿从来不借助电脑手段，都是采风后一笔一笔画出来的。画《绿绒蒿》这套邮票时甚至登临4700米的雪线，采集标本。您如何看待现代电脑作画的技术手段？

- **曾孝濂**：现在美国人画植物画就是借助电脑，这是可以的，颜色画得很匀，色彩很饱和，画面没有瑕疵，这都是好的，作为植物科学画也是一种很有效的，效率很高的办法。但是它就丢掉一些东西，植物科学画并不是像有些人理解的只要正确就好。我认为植物科学画最高的境界是你要还原它的生命，站在那儿它就迸发出一种生命的力量。我对我的作品并不满意，我希望我们的年轻人在这条路上继续走。

- **简洁**：您对有志于此的年轻人有什么建议？
- **曾孝濂**：这次会议也是一个很重要的机会和平台，让我们年轻的爱好者和专业人员，知道这条路怎么走。有个别的，现在也是在社会上有影响的画者，他们以抄图为生。我要借这个机会告诉这些爱好者：不要抄别人的，要从大自然里面来。如果画照片是可以的，但是要画自己的照片。画别人的照片，要经过别人的同意。不能到处去抄，那是不好的，不仅是对自己不尊重，也是违反职业道德，甚至是违反著作权法的。我们这条路非常幸福，也非常艰辛，要在这条路上继续走有很多规则。要画画，也要做人——就是我希望传达给年轻人的信息。

后记：时间的刻度

我在做资料时发现，老先生的画作中，有许多都是我熟悉的邮票，那些铁树、杉树、杜鹃花、中国鸟，立马和以前的记忆重合在了一起，这完全是一种不期然的相遇。

作为画家，曾孝濂老先生本身是很有名气的人，他的画在国外画展的拍卖中也有着不菲的价格，但他奉献一生的植物科学画在现实的窗口却非常狭小，也就是说，虽然它在生物学上有着非常重要的意义，但它带来的回报非常微薄。我们见到的那些邮票，是他努力让这个领域为众人熟知的一个突破口。

听到我说收集过他画的邮票，老先生甚至有点意外。

听说一个在西北从业三十多年的画师，一幅要画三天的植物科学画，最高稿酬只有两百元甚至更少。但老先生说，你不要写这些，这都是我们应该做的。

他是用一生来对待自己爱好的人，艰苦、辛劳，并且看不见回报。这一行业过去是这样,未来也许并不会更好。

他所有的希望只是,希望他的时间足够多,能把他想画的都画出来。在此之前,我从来没有这么强烈地想让别人了解这位老先生,了解他的画。我们能以此思考自己创作的信念是什么——我在这时间刻度的哪一格,我将要到何处去。

都说艺术是相通的,这样小众、纯粹、热烈、燃烧自己也暖热别人的初心,让我久违地下笔如千钧。

张曼娟　通往『大人』的路途与写作

张曼娟　作家,东吴大学中国文学博士。曾任香港中文大学教授,香港光华新闻文化中心主任,东吴大学中文研究所教授、博导。代表作《海水正蓝》《时光词场》《我辈中人》等。

张曼娟

想要写一本中年人的书,是从面对了生命中的变动开始的,这变动不是天光云影共徘徊,而是土石流般的崩塌与毁坏。我辈中人,是首先浮起的意象。我们这些"中年"人;夹在上一代与下一代"中间"的人;思维和行为"不中不西"的人。我们到底是什么样的人?我们走过怎样的路?又将往哪里走去呢?

——张曼娟《我辈中人》自序

我对张曼娟的印象，在2019年的采访前，还停留在少女时期读她的《海水正蓝》这本书的时候。

近二十年过去，书中的主人公和情节我都还依稀记得，见面时和她聊起，她马上回应是在书里哪一篇。与她听到的大部分读者反馈一样，看完《海水正蓝》之后长大的少女们已有很久都没有再看过她的书，但几十年之后出的散文集《我辈中人》，又让她几十年前的粉丝再次成为她的读者，也让张曼娟重新回到书店的畅销榜上。

张曼娟的形象长期在人们心中定格成了有着一头长发剪影的言情作家。然而坐在我面前的张曼娟，一头利落短发，妆容得体，架着她专门为自己选配的多焦眼镜——可以在老花和近视两种状态之间自由切换。她轻松地说：我已经快六十岁了。

张曼娟最让人意外的，大概是写了这么多言情小说，最后选择了单身。正像她所说的，她展现的单身状态是让人心生向往的。"我希望我老了之后能和你一样。"张曼娟说这是她听到的最好的赞美。

张曼娟是第一个拍化妆品广告的女作家，也是第一个走上T台的女作家。之后她获得东吴大学中国文学博士学位，后至香港中文大学任教，最后在东吴大学中文研究所担任教授和博导，她的课总是最受大学生喜欢的课程之一，直到她最后毅然选择辞职照顾生病的父母。

张曼娟凭《我辈中人》一书重回畅销榜单时，读者才意识到这位作家和印象中不一样了。在这本入围了"诚品书店2018年度畅销新书"等多种榜单的书中，张曼娟谈中年思考，谈"照顾者"的角色，谈读书与自省。2019年，这本书被人民文学出版社引进大陆。

作为一个小说作者，张曼娟曾构思过一篇幻想小说：在某个城市里，中年人如果全体消失会怎么样呢？只剩下孩子与老人，这世界会变得更好还是更坏呢？如果是幻想小说，自然不必思考中年人到哪里去了，但当她环顾现实世界时，却产生了疑问：中年人到底在哪里呢？张曼娟发现，现代人不是把自己看小了，就是把自己看老了，青春到老年之间的这个阶段，像断层一样被人们极有默契地略过不表，在我们这个时代，中年人的消失不是幻想小说，而确实存在于我们的意识里。

张曼娟特地提到"大人"这个词。她第一次注意到"大人"这个词，是在日本的列车上。十几年前，她所认为的"大人"就是"老人"，对当时刚过四十岁的她来说还很遥远。然而这两年来日本积极推出许多"大人味"的衣着、居家、饮食、戏剧……而台湾也渐渐发展出"大人学",走进书店,相关的书籍越来越丰富,"大人并不等同于老人,老人却包含于大人之中"。她引用日本文化观察作家张维中的定义:"'大人'这个词,仿佛开始象征的是一个新族群,一种新的生活形态、价值观与独爱的口味。"

明白"大人"的意义是:人生下半场,我们走的是"大人"的路途。这不仅与张曼娟的个人选择有关,也是台湾社会现状的一种折射。

与现代年轻人单身宣言不一样的是,她谨慎又理性地实践着哲学带给她的思考。或许是和社会发展进程有关,年老之后产生的一些社会问题先行在台湾出现并得以讨论。因此我们看到的不仅是作家的个人选择和经历,同时也是关于某些问题的先行思考。

文学借由他人的经历让人理解人生

- 简洁:现在回想起《海水正蓝》的那个时期,与那时相比,您最大的改变是什么?
- 张曼娟:那时候的我,不管是看待这个世界的方式还是这个世界给我的感受都很纯粹,我必须说,再回头去看《海水正蓝》那个时期的自己,觉得很天真,但是我也不悔创作。《海水正蓝》出版到今年是三十五年,经过了三十五年的生活、创作和思考的历练,才能写出像《我辈中人》这样的作品。我现在看待这个世界,依然觉得这个世界是美好的,但是我觉得不是平白无故的美好,它必须要你有所付出,有所努力,有所期待,才会觉得美好。

简洁:在写《我辈中人》的过程中,您发现您获得了新的读者吗?

张曼娟:我写这本书时其实还是比较悲观的,因为我谈的两件事都不是主流。一是"中年",大家对于"中年"没有太多好感,中年其实有很多迷惘,可是你又不能表现出你的迷惘,中年有很多的负担跟压力,也没有办法摆脱;二是"照顾者",在华人世界里,大家会觉得照顾是子女的责任,所以不可言苦,不可言退。但在这本书里我很坦诚地说出了照顾者的痛苦,在很多时候是有一种即将灭顶的感受。从书名到内容我其实都是针对中年人而写的,但它在台湾畅销的一个很重要的原因是有很多年轻人在读。签书会时我也看到了很多年轻人。现在这个社会蛮催人老的,很容易就把人逼到两难的处境。在写这本书时,我单纯是想诚实地谈论别人不太碰触的话题,但它后来产生的反响是出乎我意料的。

○ 简洁：您在书中提到几个跟中年联系在一起的词，比如说，中年危机、中年失业，听上去都不是太好的词。最近也有像"中年少女"这样的调侃词，您怎么看？

○ 张曼娟：我意识到我自己到了中年以后，其实有很长一段时间都没有去面对我是一个中年人这个事实，我还是努力把自己的生活安排得很青年，做的事情、喜欢的东西、甚至穿着都是。我也会反省我自己，为什么我这么不愿意面对我已经是中年这件事，我就觉得是因为有太多跟中年相关的词汇都是负面的，所以我们当然不想让自己跳进去说，我就是中年。

中年确实会有一些问题，比如你会发现你自己整体退化了：眼力不行了，脚力也不行了，你的身材也失控了，不能熬夜了，等等。这一切都是从中年的时候开始的。像这样一种退化，是我们很难面对和承认的事情。但你就是得去面对它，承认它，然后开始为你的生活做一些安排。

○ 简洁：在书中您说，人到中年后您最大的课题就是照顾年老的父母。作为一个作家，无法解救罹患急症的老父亲，也无法安抚在泛滥情绪中将要溺毙的自己，那时是阅读拯救了您。能和我们分享一下您的阅读史吗？

○ 张曼娟：我是念中文系的，所以我读了很多古典文学，我的硕士论文是唐代的传奇小说研究，那是文言文的小说。很多西方的文学理论说中国的古典小说没有人物内在心理描写，只有西方的小说有心理学方面的描写，那我就觉得奇怪：古典小说没有特别的心理描写，那我为什么会知道他们的心理呢？我后来就发觉，中国古代人确实不会从心理学的角度来描写人物，但会从人物的形象、举止、言语各方面去暗示人物的内心。所以我觉得文言文其实是很奇妙的一种文体。它表面上看起来非常简单，但"解压缩"之后就会变得很丰富，不会欣赏的人就不会去解压缩，不知道怎样去了解文言文的内涵。我从文言文学习到一种写作的方式——不用文字做太多细节描写，但每一个字和词，都能被人进行更多的理解和诠释，我想做一个自我的挑战。所以在我的文字里没有很繁复的文学技巧，都是一些比较质朴的文字描写，可在阅读时会发现情感并不单薄，这就是阅读对我的影响。

简洁：到中年之后您的阅读有什么改变？

张曼娟：因为对人的兴趣，我后来阅读了比较多的人类史。我很喜欢的一部作品叫《感官之旅》，这本书对我影响非常大，它从我们人类生来就具备的感官去分析人类历史的演进，写了人类历史和自然的演化，也提到了很多文学名著怎样去描写感官，教我们去认识感官。东方世界对开发感官其实是很保守的，觉得感官与欲望有关，但其实并非这样，感官是跟灵魂深刻有关的事物。西方影片中常常有与感官有关的情节，他们特别重视这样一种经验。感官对于人的影响是非常大的，在文学里面尤其重要，我觉得文学就是借由其他人的故事和经历，让我们对于人到底是什么有更深的思考和理解。

- 简洁：2005年您在台湾创办了张曼娟小学堂，教孩子们阅读经典和诗词创作。为什么在辞去大学教授的职务之后，这个工作却继续坚持了下来？
- 张曼娟：约莫二十几年的时间，我的工作是令人称羡的大学教授，置身于学术殿堂。然而，其中的倾轧、诬陷、斗争，却是没有停歇过的。这一切表里不一的状况，给了我很深的思索，也给了我很强的锻炼。我警告自己，必须做出改变。2005年，我成立了"张曼娟小学堂"，想象着在崭新的思维和时代中，将古老的经典与孩童和青少年联结在一起。小学堂类似于私塾的形式，每年带八百多个学生，从八九岁的小朋友到十三四岁的青少年都有。阅读经典是一个人品格的培养，读诗是一个很好的美感的训练，而有了品格的培养和美感的训练之后，就要试着把它写出来，这是表达力的一种呈现。因为电脑的关系，很多人习惯用图像、英文来表达，台湾青少年的中文表达力因为环境的关系越来越差，读经和读诗可以把中文的表达做得更好。我在台湾做这个做得蛮成功，掀起了台湾家长带着孩子来重新读经典的热潮。辞去大学教授的工作之后，这个工作也一直持续下来。

《红楼梦》的深刻启示

简洁：说说当时拍化妆品广告和走T台的经历吧，这对您意味着什么？

张曼娟：当时一个化妆品牌找到我，我自己也非常惊讶。他们跟我说，如果你真的拍了，那你就是第一个女作家而不是女明星来拍化妆品广告的人，你可以为我们这个社会标示出另外一种新的审美观，女性的内在、想法和所做的事也可以投射出一种所谓的美，一种更令人向往的气质。我当时完全被打动了，就觉得我要做这件事情。

我还做过舞台剧，帮设计师走过服装秀，等等，都是有意识地让别人知道美不止一种形态和可能。我的生活本来是很单纯甚至于是比较自闭的，我在文坛和学术圈也没有什么走动，与我比较熟的都是我的学生或我多年前的好友，我没有什么名人朋友。我做这些事情其实是扩展我的生活领域或我的生命经验。

简洁：二十年前，您就在采访中对记者透露说要挑战五六十岁的单身。为什么在这么早之前就有这样的想法？

张曼娟：其实我并非在很年轻时就决定了单身或者不婚。以我这个年纪来讲，在几十年前的社会，单身女子的处境并不是像现在这样友善，那时候女性还是要以有一个好的婚姻作为人生的目标。有一段时间我也是这样想的，但后来当我越来越投入写作这个工作时，我就发现我没有办法成为一个很好的妻子或者是伴侣，因为写作者在某些方面是要格外注意的，如果我要成为一个好的写作者，要花更多的时间在写作上，我不可能做好一个妻子的角色。再就是我觉得爱情可以保障婚姻，但婚姻并不能保障爱情。现在的社会是非常多元化的，在台湾甚至给未婚女性产假。女性有生育的自主权，可以选择单身，也可以选择结婚，各式各样的可能性都有。我只是刚好因为我的生命状态、我的感情观和我的个性，觉得单身是最适合我的。

☾ 简洁：有一阵子流行"初老"的提法，在您看来初老和中年有什么不同？

☾ 张曼娟：一般说初老是二十八岁以后，三十岁初老，像我们这种六十岁的，就真的是老了，不是初老，我们应该是老的中年期。我觉得人类寿命真的变长了，男性女性的平均年龄都到八十几岁，像我的父母亲都八九十了，甚至有人说我们这一代是地球表面活得最久的一代也不一定。当寿命变长，我们就要重新去看待人类。我觉得现在的孩子都比较晚熟就是这个原因，因为人的生命时间长了，所以二十岁以前你都可以活得像个孩子一样，三十岁以前可能会活得像个少年一样，四十岁以前才像个成年。过了四十岁慢慢进入中年，但是中年期就可以很长，我现在有很多朋友七十五岁了，他们走在你旁边你都会觉得他们才六十岁，中年期可能是从

于是
　　我问我的心

四十五岁一直到七十五岁，如此算来的话，中年期可能有三十年，所以我们要如何规划我们的中年生活，为老年做准备，就变成人生里非常重要的一个话题。

简洁：可以和我们说一说您是如何面对中年的吗？

张曼娟：我以前每次去演讲的时候，都会戴隐形眼镜，很好地化妆，穿上高跟鞋，等等。当我第一次发现我不能穿着高跟鞋站在那里完成两个小时演讲的时候，我真的很震撼，我意识到我就是不行了。那就不再穿高跟鞋了，穿平底鞋。还有以前每一次演讲我都戴隐形眼镜，但是我一直都有干眼症，年纪越大，干眼症越严重，严重到隐形眼镜一戴上去就一直流眼泪，很痛，干到它粘在眼球上拔都拔不下来，真的是非常难受。所以每一次出席活动对我来说都是度秒如年，因为每一秒钟都在痛。有一天我突然想，如果不戴会怎么样呢？难道读者来是为了看我戴隐形眼镜来的吗？难道我戴了普通眼镜他们就不愿意听我说话了吗？我决定试试看。后来我就发现没有太大的差别，从此以后我就决定放自己一马。还有我身边的朋友不愿意配老花眼镜，就戴一个近视眼镜，点菜的时候，觉得菜单上的字很小，要把菜单放很远。我不想这样，我就去眼镜行问他们有没有多焦镜片，可以自如地去调整近视和远视。他们说有，但是很贵。我说，很贵没问题，回家努力存钱，存好了钱，我就要配这种。我现在戴的就是这种，小字也能看，远方也能看得很清楚。

我做的这一切都是我对我的年纪，对岁月的一种臣服，我臣服于我的岁月，我就是到了这个年纪了。这样你就会有策略，你就会想办法解决你生活上的这些困难，然后让它变得容易一点，然后你整个人就松弛下来，整个人就舒服了。什么样的人会让别人觉得舒服呢？就是你自己舒服，你舒服了，别人看着你也会觉得舒服。我以前可不是这样想的，我以前想的是尽一切办法让自己美美地出现，但现在不是，现在是想尽一切办法让自己舒服地出现，我觉得这些都是人到中年以后才会有的一些想法。

简洁：在古典文学中您也找到了关于人和人的情感以及爱情观的不同解读。比如您提到《红楼梦》中宝黛的一个不太被人注意到的桥段，可以和我们详细讲一下吗？

张曼娟：《红楼梦》中有个让我眼前一亮的小桥段。某日黄昏大雨，贾宝玉去找林黛玉，林黛玉起身应门，贾宝玉提着灯想去看林妹妹气色好不好，当他举灯准备照向黛玉之时，作者描写他右手将灯举向林黛玉，左手放在她眼前，稍微遮着灯光。这个非常细微的动作，让我怦然心动。这是何等体贴，即便是为确认黛玉的气色而提灯去照，但宝玉体贴黛玉由暗处步出，加上身子较弱，通常较为畏光，因此想到遮住她的眼睛。只是一两句话的描写，完全将宝黛爱情发挥到淋漓尽致。一定是爱到极致，才会知道对方喜恶，体贴对方的需要。《红楼梦》给了我深刻的启示，细水要能长流，其实不是件容易的事。

- 简洁：您是怎样看待单身问题的呢？
- 张曼娟：单身绝对不是一种时尚，单身也不是一种什么未来的发展趋势。有人问我怎么样才能做一个单身的决定，我觉得还是有些条件的。首先，你要觉得跟自己做伴是一件不无聊的事情；再就是你跟其他人的关系相处得怎么样，包括你的朋友、工作伙伴和家人。因为人还是情感动物，不可能活在一个完全没有情感交流的世界里。当我意识到我即将孤独老的时候，我开始重新去规划我的人生。还有一点很重要的是，你在经济上是否可以独立。这些都是要成为单身的人最先要去面对和考虑的问题。

孤独老和孤独死

- 简洁：您说注意到"大叔"这个词现在已经由黑转红了。相对而言，中年阶段是不是对于女性来说更难一些？
- 张曼娟：我觉得人生每一个阶段对女性都很难。我们年轻的时候，台湾追求像林志玲一样的人，像林志玲一样瘦，像林志玲一样"嗲"，讲话要很温柔。如果你太表现你自己，那人们就会觉得你不像一个女孩子。像我以前年轻的时候，因为我没有结婚，所以当时有些男性就比较恶意，说像张曼娟这种就是单身公害。等到后来你稍微有点年纪呢，别人就会说，你看这个女人她真的老了。好像我们的社会特别不能接受女人老，对于老有很多的歧视和污名化。就算你拾掇得已经很好了，恶意的媒体还是要故意去拍你的皱纹，说你看她还是老了。我每次都感觉很奇怪，是有法律不准人老吗？老是一种罪吗？"老"只是一种未来。

☯ 简洁：许多朋友说不要成为儿女负担，准备和您一样孤独终老。您对自己有怎样的终老计划？

☯ 张曼娟：从我决定要成为一个单身的女人的时候起，我就知道自己必须面对孤独老和孤独死。其实孤独死，我并不是太恐惧，我觉得死是每个人必经的路，但是我害怕的是"不能好死"。我看过一个数据统计，人们患病卧床喂食的平均照顾时间是九年，也就是说还有很多是超过九年的。欧洲国家从卧床到死的平均时间是三个月。所以现在在台湾地区有一些法律保障，像我和我的父母亲都去签了一个"预立医疗决定书"，它是有法律保障的。假设我今天不管因为受伤还是因为疾病，陷入昏迷不能自主，在医生的专业判断之下认为救不回来了，我自己决定不插管、不急救、不做任何维生的治疗，让自己自然死去。我签完这个之后我的人生豁然开朗，我不再有那种恐惧了，因为我已经有法律保障。有些人会说，像你们这种名人在公寓里面孤独地死了，发臭了，过了好几天都没人发现，你不怕这样的事情吗？我认为死亡是一瞬之间的事，死后的事你自己是不知道的，只是对周围的人不太好意思而已。我其实还挺羡慕张爱玲的，张爱玲最后她就选择断食，不喝水，一个人在美国的公寓里走完了她人生最后一段日程。这是自主决定人生的一个方式。

简洁：除了"孤独死"之外，您还提到"孤独老"，是更难的一个课题。

张曼娟：至于"孤独老"，你必须要有一些朋友。我现在会鼓励我的一些中年的朋友，不要只跟你同年龄的人交朋友，要跟比较年轻的人交朋友。这不是为了让他帮你养老，而是你可以保持生命的活力，知道现在世界上发生了什么事，年轻人喜欢什么。等到你身边同年龄的朋友都走了，你还可以跟年轻的朋友说话。所以我现在有各种年龄层的朋友，我并不太担心"孤独老"。最重要的是，我一直是一个很能自得其乐的人，我觉得"孤独老"不是挺好的吗？可以去做想做的事情，过自己想过的生活，是人生最后一段美好的日子。

简洁：在其他地区，中年缺失现象是否没有我们这么严重？

张曼娟：我觉得西方人的教育是从小教育人们自我实现，可是我们东方人，对中年人的教育绝对不是自我实现，很多时候作为一个男性要去满足家族的期待，要去承担家长的一些期许。作为一个女性则更辛苦，人们大多认为女性就是为了照顾别人、满足其他人的需求而存在。女性更少被教导要自我实现，好像觉得牺牲就是一种美德。等人到中年，如果没有把这些缺憾整理好，到老了就会变成一个讨人厌的老人，每天都会抱着"这个世界亏欠了我"的遗憾。我常说，假设我们的童年不好，当我们长大有足够的能量和能力时，就要想办法重新再过一次童年，把童年想要的东西一个一个弥补起来，无法弥补的再告诉自己真的已经过去了。这其实是很重要的一件事，但我们很少愿意这样讲，都在等别人告诉我们，可是这个人通常很少会出现。如果在中年时把自己释放出来，到老年时你就会成为别人乐意接近的老人，才能好好地过你的老年生活。所以中年这段时间非常重要。

简洁：现在的您对未来有什么期待？

张曼娟：现在我就很希望能够成为一个年轻人看到我会说"希望我老了可以成为像你一样的中年妇女"，我希望等到我老了以后，其他的人可以说，"哎呀，如果老了以后可以像你这样，我就可以不怕老"。那有多好。这就是我人生的追求，所以我特别坦然，我不怕告诉别人我的年龄，我也不想遮掩我的老态，我就想让别人知道，这就是生命的过程，每个人都要经历这样的生命过程。

简洁：最后，给读者推荐您喜欢的三本书吧。

张曼娟：首先是《被讨厌的勇气》这本书，它是以对话的形式讲述的哲学课，这是一个自我认知的过程。还有一本书叫

于是
我问我的心

《朗读者》，讲在纳粹时期有个开公交车的女司机跟一个小男孩变成了一对恋人，她不识字，所以那个小男孩每天要为她朗读一篇文章，他们的恋爱是很奇妙地建立在朗读文学的那种氛围里面，还讲了集中营的故事。最后是德国作家帕特里克·聚斯金德的《香水》，他谈了感官跟人性的一个故事，我非常喜欢。

后记：文字的触感

张曼娟说，她第一次注意到"大人"这个词，是在日本JR列车上。当时我想到是枝裕和写《步履不停》的剧本，也是在JR列车上。列车上特有的声响，车窗外的景物，车内的光线变化，突然就有实感起来。

张曼娟提到她与友人一起去轻井泽，那里的生活方式就是"大人"的心头好。我很喜欢的日剧《四重奏》讲的就是在轻井泽的故事，白雪、木屋、森林，也许不得志却有希望的慢生活，好像就这样拉开在眼前。我问张曼娟什么季节去轻井泽最美，她说每个季节都美。

因这两个场景带来的实感，我总会在回忆起这次采访时构建一个立体而多彩的场景，虽然只是描述，但会让人印象更加深刻。

这种回忆带来的感受，让她对写作产生一个感想。她提起一本叫《感官之旅》的书，说这本书对她影响很大。这本书从人类生来就具备的感官去分析人类历史的演进,提到了很多文学名著怎样去描写感官,并且教我们去认识感官。比如:人类最先拥有的感官是听觉,人类最后失去的感官也是听觉;再比如人类所具有的最大的感官其实是触觉,因为皮肤就是我们最大的"器官",但是我们很少注意到这个部分。

要重视感官的体验,是她在写作中悟出的一个心得。虽然我们之前或多或少都在用着这样的表达方式,但是我好像没有明晰地重视。张曼娟说,因为我们东方人对开发感观这件事很保守,总觉得和欲望有关,但其实感观和灵魂有关。感观对于人的影响是非常大的,特别是在文学中尤为重要。这是这次对话让我印象深刻的启发。

文学,就是借由其他人的故事,让我们对人到底是什么有更深的思考和理解。我想起她在采访中说的这句话。不仅认识别人,也是认识自己。如果能主动地将这些认识、理解和思考再投入写作之中,大概会有想象不到的进益吧。

张怡微 写作者要珍惜「总觉得哪里不对」的时刻

张怡微　上海青年作家，现任教于复旦大学中文系。2022年出版《四合如意》《情关西游（增订本）》。

张怡微

小说可以处理大量外部世界的物质材料,通过语言,让故事变得可以表达,通过结构,让故事显得有逻辑,通过强动机,让故事生产出别开生面的"ending"。而散文则负责处理着无法修改世界,也无力征服世界时写作者的内心生活。

——张怡微《情感的质量》

我记得很清楚，发采访提纲给张怡微的时候，是2019年的七月盛夏，我在西安出差。外面四十度的高温，我缩在宾馆的厚被子里偷出午休的时间打字。那时觉得七月太苦了，炎热、赶稿和出差的疲惫堆在一起，觉得一年才过一半，遥遥望不到头。

我采访作家时有个弱点：我一定要对这位作家的文字有感觉我才能采访，对没有感觉的作家，我写出来的稿子味同嚼蜡。因此，我发给张怡微提纲的时间很晚，因为想尽量读完她写的其中九本书。

但这样一来，张怡微回答的时间就很少了。我算了一下，做好了到时要熬夜写稿的准备。结果她却在当晚就把邮件回复了，比约定的时间提前了好几天。收到邮件时，我看着一个个问答，感激之余，有一种要学习如何直面问题的想法。

采访发表后，张怡微找我要了授权，在《花城》杂志的公众号上刊登，我想这是她和我都满意的作品。收录在这本书里的，并不

于是
我问我的心

是最后刊登的版本,然而保留了更全的张怡微的回答和一些私人的感受。电影有导演剪辑版,这一版大概就是作者保留版吧。

张怡微至今出了二十本书,于她的年纪而言,这并不是一个小数字。她的编辑给我寄了她近年来的散文集,我又找了《细民盛宴》和《樱桃青衣》,有意无意地,把她的小说和散文刚好划了一个界。

评论家张定浩曾这样评价过张怡微:她对于各种文体的不偏不废,各种之间的相互砥砺,似乎也更能令她保持一种毫不作伪的诚恳姿态,来面对写作,面对自身。

读张怡微的书,很容易动情,因为在书写中的张怡微,对自己的好与不好,都剖析得太过真诚。

她曾在2014年的散文集序言中这样给自己下定义:我想我不是一个勇敢的写作者,大部分时候,面对生活的残酷,我都缴了械。张怡微如实记叙自己散文写作的开始:刚到台湾,迫于生活,最可怕的时候,身兼五个专栏。有时实在没东西写就把每周认识的台湾人,无论有名没名都写进文章拿去发表。她知道"这不是非常光彩的写作","有些人不知道我写他们,有些人知道却也包容我,但我知道那样很不好。"她对自己的用词非常不客气,说这是"卖友求荣"。

在散文集《因为梦见你离开》里,她提到这样一个细节:"有个学弟问我,'学姐,为什么你和我们吃了一顿饭就把我们写在小说里,还拿去卖钱'。我说,'人穷志短'。"这些她不太愿意面对的"生活原相",后来被出版成散文集,是她出版的书中卖得最好的一本。张怡微那时觉得，这无疑是人生和她开的玩笑。

在后来的日子里，她努力用生活散文、采访和书评替代那种"落笔的轻率"。她的散文拿下过台北文学奖散文首奖，台湾时报文学奖散文组评审奖等重量级奖项，但对于散文，她曾一度感情复杂："在我最为看重的小说无法真正养活我的漫长岁月中，是数以百计的专栏、评论给我重要的生命资料……这些烦琐的写作对我来说，与其说是创作不如说是工作。"

但即使自以为已经足够了解在散文和小说中如此诚恳的张怡微，在采访时面对她的反馈还是会措手不及，这大概就是哲人所说的：人不能两次跨进同一条河流。已经出版的书中的文章，从写作时间到出版时间，于写作者而言是存在时间差的。我所了解到的，只是写作当下时的她。而人的认识，是会随时间而变化的。

2017年出版的大获好评的《细民盛宴》，对张怡微来说，已经是2012年写的小说了，现在七年多过去，很多相关的问题都已经记不清了。而对于曾经她觉得感情复杂的散文，却有很多想要谈的内容。2016年获得博士学位后回到复旦大学创意写作专业任教的张怡微，教书刚满两年，在创意写作专业开过"散文写作实践"和"小说经典细读"的课程。因为在开散文课的时候，发现没有什么可以用的教材，所以只能自己写讲稿。最近，她也在《萌芽》杂志上开了散文课的专栏。此时感受到的张怡微，是冷静、专业、深刻，甚至可以说是有些严肃的，这种严肃某种程度上来自一种使命感：想要改变创意写作散文教材少的局面。

于是 　
　　我问我的心

"在小说作者就是'我','我'被囚禁于自我的有限中,不见得有荣枯盛衰、跌宕奇崛来遮掩个体经验的贫乏。但我们可以在散文里通过观看世界、观看他们、观看自我,开凿贫乏中的明暗、冷热、亲疏。"如今的张怡微对小说和散文,达到了这样的认识——散文负责处理着无法修改世界,也无力征服世界时写作者的内心生活。

散文距离情感更近——我相信张怡微的判断,无论是她认为可爱却羞赧的历史,还是她回忆不起来的过往,抑或是现下冷静严肃后透出的情绪,看到采访人物的变化与成长,有时也正是采访的迷人之处和价值所在。到最后,大概也应了她多年前写的一句话:"有时我也是自己的陌生人,共栖于这亲爱的人生。"

◐ 简洁:您在散文集《旧日的静定》的推荐语中写,"这些曾以为是不重要的闲篇",如今看来对您有什么样的意义?

◐ 张怡微:所有的文章都种在了时间上,好与不好其实都无法修改和抵赖。这几年中我采访过的很多人,如周梦蝶、余光中都过世了,我写过的报刊专栏许多都转型消失了,我自己也有亲人不在了。回过头来看的时候,才知道当时许多不在意的事情,都挺难忘。会让我珍惜当下。

◎ 简洁：有读者评价您，"一个作家不应该逼着自己成为别人希望的风格，而应该忠于自己的风格，张怡微在体察世情冷暖的方面有着过分的天赋，她的才华也在这过分的抒情之中才能展现出来"，您觉察到了这一点吗？这种天赋在写作中是如何体现的？

◎ 张怡微：我不知道怎么回答好。除了小时候比较敏感之外，其他没有什么特别之处。因为我基本还是靠刻意练习的，《旧日的静定》是我第二十本书。这不是炫耀，只是说，二十本书的训练，也不过是这样而已。我觉得对于写作者来说，要珍惜那些"总觉得哪里不对"的时刻，要善于发现物质世界里难以命名的东西，归根结底还是要趁着体力好时间多的时候多写。

◎ 简洁：您在《写作课的秘密》中写，复旦大学中文系文学写作专业的学习，教会您最重要的一点是要在故事与认识之间建立起关系。可否和我们分享一下这种关系是怎样建立的？

◎ 张怡微：《写作课的秘密》是比较久以前的文章了，那时我还刚上研究生。当时的想法比较接近于一种小说里的"问题意识"，就是我们怎么对这个世界提供给我们的经验材料做剪裁，进入到我的虚构世界中来。我们对世界的看法很多，但是没办法把这些看法和想写的故事结合在一起。当时是那样的意思。

简洁：在《细民盛宴》中有很多"金句"，体现了对世情细致的体察。这些体察能否看作是上面您说的"认识"的一部分？

张怡微：《细民盛宴》的发表不是很顺利，也写得比较早了。应该不是吧，更像一种情绪稳定的偏见。小说里的话，单独拿出来看，都是很可疑的。

简洁：市民生活一直是您关注的题材。您的散文集里有一句话，"市民生活总是不让人沉沦也不让人升华"。回顾这些年的写作，市民生活最吸引您的魅力在哪里？

张怡微：我就是市民的一分子，这是我最熟悉的生活。那句话不是我说的，是王安忆老师一篇散文里的。小说的体积就是欲望的体积，因为生活里很多事情是没有规律的，不像物理的规律，可以证明，小说里的事情、材料都是有经验的，但是这些材料组合在一起想要照亮的那个世界是我们无法通过现实生活验证的。这是一个克服困难的过程，其间有创造和进步的快乐。可能就是你说的魅力吧。

简洁：您说过，如今读小说的乐趣，很大部分来自揣测叙事者与故事之间的关系，是一种作者意图的潜在呈现。在您的散文中，能看到很多小说的索引，您介意读者对您进行这样的"揣测"吗？

张怡微：我不太看评论，也不介意。我自己看小说，的确喜欢看作者真正的同情，喜欢想一想作者最心疼哪一部分人。比方我觉得王度庐就很心疼女孩子，尽管他自己也过得不好。这些想法其实都是一闪而过的。

简洁：金宇澄对什么是好的短篇小说的回答，您记了很多年。"就是一条鱼最好吃的部分，当中那一段。你不必交代头和尾，你就从最好吃的地方吃起。"如果让您回答，您会怎样阐释？

张怡微：我觉得还是要发现新的人的欲望，还没有被命名、被定义的人的欲望。

简洁：您谈到是看了蒋晓云的小说之后，开始留意到所谓"悲喜剧"的技巧，您说如果没有通过蒋晓云发现"悲"与"喜"之间的纠缠，可能不会有后来的进步。这种悲与喜之间打通的关键点在哪里？

张怡微：写蒋晓云小说评论的时期，距离现在也有六七年的时间了。我其实有点忘记了。古代小说里有很多悲喜交加的问题，但那都是很通俗的，戏曲也有，非常通俗的套路。我现在更喜欢训练自己有意识地发现复杂情感和复杂欲望，也希望学习写作的学生有发现复杂情感、面对复杂情感的勇气和能力。

简洁：在写作动机如何与经验素材相连的问题上，您的经验

于是 我问我的心是什么?

- 张怡微：有些强动机可以促使人写作，譬如受辱、仇恨、嫉妒……但无法支持持续性写作。比方我这一两年在写"机器与世情"这个主题，我当然一直在寻找与之有关的故事，《度桥》写了表情包与人的处境，《樱桃青衣》《蕉鹿记》写了医院拔鼻胃管与人的命运。2019年，在《花城》发表的《锦缠道》写了一个电子琴交响乐团中的女性友谊，《小说界》发表的《缕缕金》写了手机与老人传播。意图是自己建构的，素材是找来裁剪的。

- 简洁：如今离2000年您在《新民晚报》发表第一篇文章已经过了近二十年了，现在回望过去，"《萌芽》时期"对您来说意味着什么？

- 张怡微：我还在写《萌芽》，在《新民晚报》还有一篇专栏。我三十多岁了，但他们都帮助过我，需要我支持我再忙都会支持。

- 简洁：您曾给自己下定义"我想我不是一个勇敢的写作者"。为什么会这样说？

- 张怡微：写作的人在生活里都不会是强者，所以可以在虚构中修改和征服世界。

- 简洁：你经历过"最为看重的小说无法真正养活我的漫长岁

月"，对散文随笔的情感很复杂。如今小说和散文于您的创作地图中分别有什么样的地位和意义？

☙ 张怡微：散文养活了整个博士阶段的我。读博士的五年我好像出了快十本书，这是我的学费、房租和生活费。我进入复旦大学中文系工作以后，开的第一门课就是散文课，当时我发现，虽然创意写作教材看似很多，绝大多数都是从英美引进的，但是英美学科建制中有一个很大的问题，就是没有散文，只有诗篇和小说写作课程。所以只能自己写讲稿，对散文的认识肯定发生了很大的变化。小说就继续进行"机器与世情"的计划，一年发两到三篇。

☙ 简洁：您从台湾求学回来在复旦任教，上创意写作课。在《萌芽》开了散文课专栏之后，对于散文的认识，与成为教师之前相比，最大的不同是什么？

☙ 张怡微：最大的不同就是我觉得散文教育是写作教育很缺失的一块。中国的作家等于小说家等于长篇小说家，我们有很强的小说理论和小说训练教材，但仔细想起来，这是和五四运动有关的。至少在中国古代，散文才是强势的，有丰富的理论，小说理论反而是稀缺的。所以创意写作学科的中国化过程中，散文一定是可以好好建设的方向。我一个人的力量肯定是不够的，还是很希望越来越多的人关注到当代散文审美、教学。

> 简洁：您在论文中提到，"北岛说我们的语言因为太多功能以至于被我们差不多像钞票一样使用过度，变旧了。但我们仍然可以从日常语言之外，找到令我们感到陌生的汉语，它最好不被压缩，最好以自然的形态照亮我们连绵不断的经验流"。以您的经验来看，在写作时如何找到"陌生的汉语"？

> 张怡微：我的学生的中文词汇量不够，对语言本身的虚构的欲望和想象力基本都没有，这是很糟糕的。我们的语言除了日常使用的功能之外，应该有一个审美的路径。这不是找来的，这一定是多读、多积累才能灵活起来的。

> 简洁：最后，请和我们分享一下您最近读过的三本书吧。

> 张怡微：最近写了一篇题为"凝聚的渴望——论女性友谊的书写"的长文章，所以看了比较流行的小说，《我的天才女友》《摇摆时光》和角田光代的几本。理由就是，我们书写男性友谊的作品比较多，男性友谊有一些指标化的定义，比方借钱、托孤、为你坐牢、一起做坏事，或者追同一个女生但都失败了（《围城》），但女性友谊的书写就很难想出来脉络。王安忆《长恨歌》里提到过，女性的友谊是芥蒂组成的，这在《我的天才女友》里有一些体现。《摇摆时光》要更复杂一点。角田光代对于女性共同命运的观察很细腻也很悲观。

张怡微

◎ 后记：写作的样本

张怡微的作品中，我最喜欢的是《细民盛宴》。还记得读这本书的时候，我是坐在深圳中心书城北区高处的台阶上，外面落着暴雨，因此进来躲雨的人很多，进进出出的，吸引着我的注意力。但当我看到最后一页，将书合上时，惊觉不知何时，外面的雨声和周围的人声都停下了。这本以第一人称写的书，实在是太有代入感，几乎让人以为是作者亲身经历所写。但事实并不是这样，张怡微表达得很清楚，自己的故事难道两三本书还写不完吗？在这之后，就是创作的乐趣了，而自己的经历没有创作中的故事那样复杂。这本书打动人的，是张怡微笔力下最好的那一部分：对人情世故极其纤细、敏感而精确的体察。是那种敏锐的洞察力带来的共感，联结起了整部作品，联结起了一个可能无甚有趣的故事。比起故事的发展，叙事人对世界的认识更加吸引人。

这本书给我带来的写作冲动，几乎让我马上构思了一本想要写的小说。我隐隐体察到一种写作的方式，之前我总在想要讲一个什么样的故事，但讲故事时的叙事本身也可以如此迷人，在叙事中可以表达观点、态度和对这世界的体察。

如果同时看过张怡微的散文，便会对这种写作方式有一种首尾呼应的感觉。《我自己的陌生人》这本书某种程度上可以看作《细民盛宴》的一个注解。尽管张怡微本人非常不喜欢别人认为她就是作品中的"我"，但在散文中可以看到她小说中的很多线索。比如《大自鸣钟之味》，几乎就是《细民盛宴》原样取用的背景。父亲是海员，父母离异，三个家庭独自生活，爷爷一家的状况，每一处都落下了注脚。了解这些注脚的意义在于写作者如何积累素材，运用素材，虽然这个多少是她因为要筹措生活费而不得不重复书写的产物，但非常巧地给我们留下了这样一个写作的样本。

通常我们只能看到一部作品的浑然天成，但接触到这些素材原始的模样时，展现的可以说是从选材开始如何化用在小说写作中的一种实例的学习了。

张怡微说过：写作的人在生活里都不会是强者，所以可以在虚构中修改和征服世界——这是指小说。而散文是怎样的呢？散文负责处理着无法修改世界,也无力征服世界时写作者的内心生活。

"小说需要处理的问题是，'若干年后'。散文可以处理的材料是，你曾无力处理的那份'苦心'，你最尖锐的痛苦到底来自哪里？"如果有什么是我特意想记下的，大概是在这苦心与怀念之中，如何蒸腾出征服笔下另一个世界的可能性吧。

后记　于是我问我的心

在铺设道路的地方，我迷了路。

在浩淼大水上，在瓦蓝天空里，没有一丝儿路径的迹象。

路径被众鸟的翅膀、天上的星火，四季流转的繁花遮掩了。

于是我问我的心，它的血液里可有智慧能发现那看不见的道路。

——泰戈尔《采果集》　吴岩译

1

又到了写后记的时候。

想起我的上一本书,写后记时是2018年的冬天,那时的天气和处境于我都很糟糕,书稿尚未修完,现实又困难重重,写稿真的有举步维艰的感觉。也是机缘巧合,在那样的境况下我第二次采访李银河。在采访中,我向她请教遇到写作瓶颈时怎样继续写作。她给我讲了一个她父亲在她小时候教她的方法:写东西时,不要老想一下就把它写好,应该先把脑子里所有的能想到的全写出来,把标准先降低一点,先写出来,再慢慢改一改,删一删,精炼一下就可以了。

先全写出来再说——这个李银河说她直到今天都还在用的方法,对当时陷入写作黑洞的我有了奇效。虽然朴素,但出乎意料地在那个冬天给了我提笔的勇气。那是我第一次直观地意识到,

后 记

我的采访对我的写作有着这样直接的作用。

如果能告诉给更多的同样饱受写作黑洞折磨的写作者就好了，我当时这样想。

像这样的内容可能在采访中会一闪而过，如果不是切身经历过，是不能觉察出它对写作会有怎样让人惊喜的作用的。

和村上春树在《当我谈跑步时我谈些什么》中写到的境况一样："这个小插曲删掉也无碍，虽然还不错，不过太普通啦。"恐怕别人会这么说。但于我而言，和他的感受一样——就是这种微不足道的事件，在我而言却自有意味，是有用的回忆。当这种自有意味的内容越来越多，某种想法便成形了。

这本集子的雏形，最早应该是2016年在《时刻moments》开始连载的"一席茶事"专栏。编辑想让我写一些采访时有意思的事和感悟。我当时觉得很需要这样的一个存放地，有些在采访正文中没有写的细节，还有一些与主题关联不大的我私人的感受，我很愿意以这样的形式存放下来。人的记忆迷宫是很有趣的，有时觉得记忆如同金鱼，有时遇到开启记忆的钥匙，便连细枝末节都纤毫毕现。这个开了三年的专栏，刚好成为这样的一种见证，和我一起成长。从最开始时记录采访逸事，到后来渐渐向一个主题靠拢：记录那些让我对写作有所感悟的写作经验。

2

熟悉我的读者都知道，我在专栏的作者简介里一直放了一句

于是
　　我问我的心

话："喜欢采访,不喜欢做记者"。我从入行第一年就开始做采访,做了九年的杂志编辑,换了三家杂志,一直是采编一体,但约采时我一直说我是编辑,而不是记者。我的性格和内心中一直有种抵触,这种抵触大概是因为以记者的标准而言我有不足——我没有在群访中,一定要抢到问题表现自己的那种决心和勇气;我也没有对人物隐私的执着,我对他们的创作、思想和为什么能成为传奇的关注,大于去挖出不为人知的私密事的好奇。我身体里没有那种热血的成分,所以刻意地保持区别和距离。

但同时,我又非常珍惜这些采访机会。我知道如果不是因为采访,我不会有和这些我憧憬的人一对一谈话的机会,静下来、坐下来,让我可以在这短暂的时间超越自己的生命体验。所以我一直以自己的方式在做着采访:做大量的功课,以文字去打动采访对象,从而把采访形式控制在我的舒适区。

这种对采访的矛盾和困惑,在采访毕飞宇之后似有所解。就像我后来一直给朋友说的那样,我在写作上的信心,那像基石一样稳固坚定的部分,很大程度上,是从得到毕飞宇老师的肯定后建立的。

在发采访版面给他确认时,因为怕打扰他,我只发了邮件,但很快收到了他发回的短信:"接受你采访是值得的,你的文字很好。"如果说前半句是对采访工作的肯定,那么后半句对我文字上的肯定则更让我开心。说实话,对于采访工作的称赞,并没有什么惊喜。我采访时做功课的用功程度,早就在多次采访时被不断确认。所有这些,我都当成对工作态度和基本功的表扬,只

后 记

不过是做好了最基础的工作，可以说是敬业，但勤奋努力大概是最无趣的优点了。所以对文字的赞赏，比对态度的赞扬更让我开心。

我所尊敬的作家，能透过我的采访肯定我的文字，这对我来说是莫大的激励。在此之前，我一直把我的采访和创作上的文字分得很开，甚至会有一点觉得大量的采访稿占用了我创作的精力和时间，觉得这两者是此消彼长的关系。但我没有注意到的是，正是这一次次的采访、对话和反馈，滋养着我的阅读和写作。

直到请毕飞宇在收到杂志之后给编读栏目写点意见时，我才知道他对我采访态度的看重，他特意提到："简洁是一个很好的记者，敬业，行事风格质朴，文字漂亮。"看到这句时，我有种被看透的感觉。所谓行事风格质朴，毕飞宇赞赏的，是我以为的不足和固执体现出的另一面。我想问的问题，确乎都顺从本心。之前我自己不甚明了的矛盾和困扰，似乎就此有解——作为一个有所不足的记者，我所要想了解的部分，意义已经足够重大而珍贵。

后来这一点，又在我采访的作家那里不断得到确认。我做杂志最后一次专题时采访过的作家弋舟提到："杂志的记者体面，沟通简洁，亦能容忍我偶尔回答得不是那么耐心，她这不是体谅我，是体谅文学，体谅自己所为的那份以'书'为名的工作。"虽然有些受之有愧，但我不得不说弋舟老师触碰到了我采访目的的核心——抛开"地面之上"的敬业和责任，一直让我保持采访热忱的正是内心深处对文学和写作的求索欲。

于是
我问我的心

3

在筹备这本集子时,我读到了村上春树关于"自立性代价"的描述。

正是跟别人多少有所不同,人才得以确立自我,一直作为独立的存在。……能在同一道风景中看到不同于他人的景致、感受到不同于他人的东西、选择不同于他人的语句,才能不断写出属于自己的故事来。

我就是我,不是别人,这是我的一份重要资产。心灵所受的伤,便是人为了自立性不得不支付给世界的代价。

我在生活中,特别是在写作时,是有感受到这种自立性的代价的。

在我的写作过程中,自觉或不自觉地,我有一套自己的价值观和相配的做法。在坚持这些做法的时候,并非是没有受到否认的。我对自己的写作有过自我犹疑和困惑的时候,但幸运的是,在我以为四面围墙找不到出口的时候,我的采访总是能为我提供指引和肯定。当我在交稿时受限于一个评判标准的时候,我有这样的和优秀作家直接对话的机会可以告诉自己:评判标准不止一个。写作的内涵比我周围受限的认知要更深刻、更包容,也更纯粹。

于我,每一次采访,某种意义上都是一堂写作课。

我能和那些我憧憬的作家于写作一道上进行交流,我于写作

后 记

上的困惑,在这样的问道中得以解答。后来我发现,在我的写作与我的自立性越一致的时候,我与世界的摩擦不一定是最小的,但我的舒适度是最高的。相比起纯粹的创作,采访有一定客观性。而在我开始写纯粹属于自我的文字的时候,我感受到了这些作家"他力"的认可在帮助我认知自己的文字时的重要。

这些认知在我写第一本书时,有了更深的意义。我发现,即使是我这样熟悉这些采访的人,在采访完成很久之后,有一些知识点还会在我写散文和小说的过程中,突然在脑中的星海中亮起来。那些散落在脑海中的星子,有时会如同点画星座的连线一般,突然建立联系,前后贯通,形成一个之前未所能见的星图。当这种经历越来越多时,我想我应该把这些点亮的星图记录下来。

最开始时这些连线是随意发散的。比如我在采访姚谦时,发现他将张爱玲写作的技巧用在写歌词当中。小说的技巧可以在写词中加以利用,这是一种文学上的打通。而反过来,诗歌中浓缩的对世界的奇妙视角,也能运用于写作之中。阿多尼斯说,"我让山脉成为词语";林婉瑜对语言的拆解和重构进行精密的机巧计算。诗人们的感悟在连接到一起之后,形成了一个有脉络的语言学习的框架。这种跨界的共通性,在翻译家那里也能找到,在马振骋、袁筱一、林少华身上,除了能看到翻译家一些共性之外,更重要的是一种将翻译、阅读与写作之间的打通。有些时候,将目光移到旁处反而能获得众里寻他、蓦然回首却在眼前一般的写作体验。

有些是因为在某段时间我对某个问题特别感兴趣,而在这些作家的作品中都发现了这些共同点。比如阿来、路内、韩松落和绿妖都回答过我，如何用成人视角去描写童年，故乡在一个作家的创作中意味着什么。这些不同年纪、写作风格各异的作家，在追溯自己写作的精神血统时，都清晰地指向了一个作家从何处寻找自己真正想写的命题。还有一直困惑我的，散文和小说之间的关系，我在路内、张怡微和韩松落那里都得到了答案。

有些是经历的回溯。比如作家们的经历能帮助你回答，辞职去写作到底是不是一个伪命题、如何找到自己决意写作的时刻。在困惑于自己是否不具备写作的天赋时，在阿来、迟子建、毕飞宇、鲁敏这些作家的回答中，能找到行之有效的方法和努力的方向。

还有一些是作家们隔空的默契。当岩井俊二带着我思考人生中无用的部分对于创作有什么意义时，马振骋老先生也在面谈时告诉我，"庆祝无意义"的意义。这些回答里有开门见山的解惑，也告诉你在这之外，于写作一道还有见山不是山的境界。

4

当然，这些脑海中的星图的连线并不是一蹴而就的。

卡尔维诺在《为什么要读经典作品》中说"一部经典作品是一本每次重读都好像初读那样带来发现的书"，"一部经典作品是一本从不会耗尽它要向读者说的一切东西的书"。我不敢说我留下的文字是经典，但我采访过的人物确实留下了堪称经典的作品。这些年我的隔山观海，大概也在时间的大浪淘沙中留下了

后 记

些接近事物本质——或者更确切地说是写作本质的东西,即使是对这些文字再熟悉不过的我,再次整理阅读的时候,仍然有着许多新的发现。

我想保存下来的,是我近十年采访生涯所记录的,不会因为时效而逝的、无论何时对写作者依然有强烈的触动和影响的那部分。

所以这本集子里收录的对谈,并不是原先登在各个杂志上的版本。我有一点野心,想要描绘的是村上春树所说的,在同一道风景中看到不同于他人的景致、感受到不同于他人的东西。我想要完成的,不是简单地罗列曾经的采访、证明自己曾经与这些所憧憬的作家有过对谈的一本采访集,而是一本以我的视角重新解读和整理的"写作课"。

大概是出于对年轻写作者的善意,我有幸提问的这些知名作家,都不吝于回答我一些关于写作而言很基础也很实际的问题。有些是正式采访结束之后我的补充提问,有些是经作家同意我重新整理出来的未发表的部分,有些是我采访过两次或三次的作家,我重新寻找了主线,将几次的采访梳理成有脉络和递进的一篇文章,在这样的整理下,有时一篇采访较原来的版本提供了两到三倍的新内容。但无论如何,我所收录、重写和补充在这本集子中的,都是找回原始采访素材,有录音和邮件记录的作家真实可信的回答。

这样的工作是有些庞大的,但在这本集子的写作中,我很少落入写第一本书时所经历的写作的黑洞。一方面是因为,所有素材都是充分准备好了的,虽然需要去翻找经年的录音、重温采访

于是
　　我问我的心

前的功课和原始素材，回忆采访前后的细节，有许多需要增补和重写的部分，但核心都是稳固的。只要我静下心来，就能有序地向前推进，不太容易掉落进写作的黑洞中。另一方面，我在写我所经历的这些"写作课"时，也同时是在解决写作疑问的过程。

我写下这本"写作课"的初心是，我不过是千万普通写作者中的一个，但既然将向这些作家提问的机会给了我，我便想尽己所能，将我所经历和感悟到的串联起来，将我脑中散落的星图的发现记录下来——这些星子曾经帮我解脱出写作的黑洞，也在今天继续解释着我于写作的困惑，那也许对看到这些记录的人有所得——甚至他们能发现我未能诉尽的发现也不一定。

在困惑时，人本能地会提问。回到问答的本质，这些是我于写作道路上汲汲渴求的答案，是在我经历困顿的当下，非我不可、非问不可的问题。我问的是这些智者，我问的也是我的心。

——于是我问我的心，我希望它能发现那看不见的道路。

和诗的隐喻一样，这本书的出版，经历了比想象中坎坷的道路，但最后得到了在我看来更完满的结果。

感谢我的朋友钱斌，帮我联系了四川人民出版社；感谢张春晓老师，因为之前联系邓一光老师采访时的交集，让她迅速判断和认可了这本采访集的价值，决定将之出版；感谢我的责编王雪，在出版这本书过程中的辛苦付出，最终呈现出一个完满的结果。

等待并非没有意义。在修订这篇后记的时候，我的第一部长篇小说《数千个像我一样的女孩》已经写到30万字，并在豆瓣阅

后 记

读文艺榜上占据了长达五个月的连载榜单第一。这时的我，可以稍稍自满地说，是一个真正的创作者了。想起在撰写这本集子的2019年，这部小说刚刚开始不到2万字，我相信，我确是在整理撰写这本书的时候，对自己的写作有所助益。

前几天，采访界的朋友问我，在写采访稿时有没有怀疑自己的时候，我没有犹豫地回答：在采访作家之后，完全没有过。作为一个很容易陷入自我怀疑的人，脱口而出这个回答后，我才意识到，这些与对家的对话，于我是怎样的基石作用，我在上这些"写作课"时，是如何得到滋养，又是如何一点一滴地建立了如今写作的信心。

这本书里带给我的，我也愿它带给每一个写作者。

简洁

2022年5月15日　修订于深圳